L'Affaire des caricatures

Dessins et Manipulations

DU MÊME AUTEUR

La France malade de l'islamisme, Éditions Le Cherche Midi, 2002.
Sur les traces de Ben Laden, Éditions Le Cherche Midi, 2003.
Mes frères assassins, Éditions Le Cherche Midi, 2003.
Lettres aux islamistes de France et de Navarre, Éditions Le Cherche Midi, 2004.

Pour plus d'informations sur l'affaire des caricatures, le site Internet dirigé par l'auteur :

www.actu-plus.com

Mohamed Sifaoui

L'Affaire des caricatures

Dessins et manipulations

privé

Ouvrage publié
sous la direction de Guy Birenbaum

Note de l'auteur

Le nom du prophète de l'islam s'écrit « Mohammed » ou « Mohammad » dans sa version arabophone. Dans la langue anglaise, on utilise plutôt « Muhammad ». Pour les francophones, c'est « Mahomet » qui est le plus souvent utilisé.

Étant francophone, je choisis donc cette dernière orthographe. Si je fais cette précision, c'est en raison des remarques et des procès d'intention qui m'ont été faits par certains islamistes. Ces derniers considèrent qu'étant moi-même de confession musulmane je suis dans l'obligation d'utiliser l'orthographe arabophone, c'est-à-dire « Mohammed », suivi de la formule consacrée : « Que la paix et le salut soient sur lui. »

Sans vouloir me justifier auprès de qui que ce soit, je dirai donc à tous les tenants de l'intolérance et de la bêtise que j'utiliserai dans tous mes écrits l'orthographe francophone, en l'occurrence « Mahomet », pour désigner le Prophète. Mes écrits sont destinés avant tout à un public francophone et j'estime que cette orthographe est la mieux appropriée. De plus, je m'empêcherai d'user de la formule consacrée ou de toute autre formule religieuse, parce que tout simplement ce ne sont pas là des livres de théologie ni des ouvrages religieux mais des textes journalistiques.

Et si je suis musulman, c'est d'abord le journaliste qui s'exprime. À bon entendeur salut !

Introduction

L'affaire des caricatures du prophète Mahomet a pris une telle ampleur dans le courant de l'année 2006 qu'il serait, de mon point de vue, tout simplement scandaleux de ne pas revenir dessus et de choisir, en quelque sorte, de mettre cette histoire rocambolesque sous naphtaline dans le tiroir des affaires classées.

Ce psychodrame politico-médiatique est loin d'être totalement réglé. Ce qui s'est passé au début de l'année 2006 n'est pas un fait anodin, un « incident », loin s'en faut. L'affaire des caricatures a été un révélateur du diktat auquel veulent nous soumettre les intégristes musulmans mais aussi une sorte de thermomètre qui nous a permis de mesurer tantôt le courage, tantôt la lâcheté des sociétés occidentales et de leurs dirigeants.

Rappelons-nous : dès janvier, en quelques jours, une partie du monde musulman s'embrase. Manifestations violentes, menaces sur les Occidentaux, drapeaux français et scandinaves brûlés, ambassades saccagées, autant d'images qui ont terrorisé les sociétés modernes. Le bilan est lourd : une trentaine de morts et des dizaines de blessés à dénombrer de Kaboul à Djakarta en passant par Tripoli.

À l'origine de cette « colère », la publication par le *Jyllands-Posten*, le plus grand quotidien danois, de douze caricatures représentant le Prophète. « Tout ça pour ça ! », serions-nous tentés de dire. En effet, difficile de comprendre comment de simples dessins ont pu susciter de telles réactions. Il est vrai que l'image de Mahomet est sacralisée dans le monde musulman, mais la réaction de la rue, au-delà du fait qu'elle a donné une piètre image de l'islam et des musulmans, rappelle, dans sa disproportion, d'un côté l'existence d'un profond malaise dans les relations entre l'Islam et l'Occident, et d'un autre la réalité que représente aujourd'hui, pour l'ensemble des sociétés, le danger islamiste ; un phénomène idéologique dont on sous-estime souvent la dangerosité, le confondant naïvement avec une sorte d'orthodoxie de l'islam ou avec un simple rigorisme, ou encore un conservatisme. Beaucoup s'empêchent de qualifier l'islamisme par la définition qui lui sied le mieux : une idéologie fasciste instrumentalisant une religion à des fins de pouvoir.

Le malaise persistant est celui d'une société musulmane de plus en plus soumise aux chants des sirènes islamistes et incessamment poussées vers une logique de méfiance à l'égard du monde occidental. Si l'idéologie islamiste représente un danger, ce n'est pas uniquement parce qu'elle est nourricière de terrorisme et de violence, mais en raison de ses objectifs qui visent à soumettre l'ensemble de la planète à des règles se situant aux antipodes des valeurs universelles et dénaturant, au passage, la lettre et l'esprit de la religion musulmane.

On est tenté de se poser la question : est-ce vraiment la publication de simples dessins de presse qui a provoqué un tel embrasement ? Comment peut-on expliquer que des caricatures, fussent-elles celles représentant un prophète, puissent causer la mort d'une trentaine de personnes ?

Et surtout pourquoi ces mêmes caricatures, publiées en Égypte, un pays musulman, deux semaines seulement après leur parution au Danemark, n'ont-elles pas à ce moment provoqué les mêmes réactions ?

Depuis le début de la polémique, quelques voix ici et là ont parlé de manipulation. C'est ce que j'ai voulu savoir en menant une enquête journalistique.

Je n'ai pas pour habitude de mettre en avant mes croyances personnelles. N'empêche, dans la polémique autour des caricatures du prophète Mahomet, j'ai tenu aussi à exprimer la position d'un journaliste de confession musulmane, et à adresser publiquement mes remerciements et mes encouragements ainsi que mon soutien au *Jyllands-Posten* lors d'un séjour au Danemark au cours du mois de juin 2006. J'ai tenu à révéler cette position pour rappeler qu'il existait au sein du monde islamique et à travers la planète – croyez-moi, je ne suis pas le seul à avoir cette position – des musulmans démocrates, soucieux de la liberté d'expression, qui de surcroît savent apprécier l'humour contenu dans une caricature et peuvent, quand c'est le cas, se montrer indulgents devant une caricature de mauvais goût. Malheureusement, ces musulmans ne sont pas très visibles et les médias n'évoquent presque pas leur existence parce que, tout simplement, leurs actions et leur discours n'ont rien de spectaculaire. Ceux-là, même quand ils se sentent offensés, ne brûlent pas les drapeaux, ils dialoguent. Et quand ils dialoguent, ils ne menacent pas, ils sont menacés. Ces musulmans dont je parle, quand ils militent, ils ne tuent pas, ils risquent de se faire tuer. Ils n'emprisonnent pas, ils sont emprisonnés.

À l'issue d'une enquête que j'ai réalisée pour la rédaction de cet ouvrage et pour la réalisation d'un reportage diffusé à la télévision[1], je me suis rendu compte – bien que je le soupçonnais déjà – que l'action menée par les imams danois n'est en rien

1. Reportage diffusé dans l'émission *Envoyé spécial*, France 2, le 23 mars 2006.

motivée par une quelconque « défense du prophète Mahomet » comme il a été prétendu par un certain nombre d'intégristes. L'action de ces derniers s'inscrit incontestablement dans une stratégie qui vise à se doter d'arguments pour museler la presse, bâillonner les intellectuels, censurer les hommes politiques et terroriser les populations. Les caricatures n'ont été qu'un fallacieux prétexte tendant à présenter le Danemark – et à travers lui l'ensemble de l'Occident – comme un pays raciste et « islamophobe » pour mieux affaiblir son gouvernement et lui faire accepter ainsi des règles relevant du passé.

La manière abjecte et hypocrite qui a été utilisée dans cette affaire, par les obscurantistes ainsi que par certains États totalitaires, donne un aperçu du fait que les islamistes ne pourront jamais se comporter comme des citoyens européens ni défendre l'image et les intérêts des pays auxquels ils sont pourtant censés appartenir.

Les réactions des islamistes danois, notamment, sont totalement irresponsables et bien que ces individus s'évertuent à convaincre l'opinion danoise et internationale de leur prétendue « modération », il reste que les faits sont là : leur comportement, leur discours et leurs fréquentations sont ceux d'extrémistes obéissant à une idéologie et non à une religion.

Je me suis rendu compte, au cours des quelques jours passés en compagnie de ces islamistes scandinaves, que ces derniers appliquent l'idéologie salafiste et précisément celle des Frères musulmans. Cette idéologie, génératrice de violence, de terrorisme et d'intolérance, est de plus en plus présente sur le territoire européen. Et il nous appartient de la combattre avec des valeurs de liberté, de démocratie et de justice.

Pour toutes ces raisons, et bien d'autres, je maintiens que le *Jyllands-Posten,* tout comme *France-Soir* et *Charlie Hebdo* en France, a eu raison de publier les caricatures ; c'était là incontestablement un acte de résistance contre l'obscurantisme.

Pour moi, l'essentiel est de ne pas éluder les questions liées à l'islamisme tant cela représente à la fois l'un des plus grands dangers et l'un des enjeux majeurs de ce XXIe siècle.

Il y a plusieurs raisons qui me poussent aujourd'hui à écrire cet ouvrage et surtout à l'écrire de cette manière, avec ces mots qui, parfois, pourraient paraître excessifs. D'abord, j'estime qu'il serait tout simplement lâche d'abdiquer face au diktat que des intégristes veulent nous imposer ; ensuite parce que les islamistes, soutenus par les intégristes de toutes les religions, veulent absolument nous soumettre, à tout le moins, à une autocensure, voire à une censure tout court, visant à bâillonner les voix qui seraient tentées de formuler une critique ou d'exprimer une satire à l'égard de la religion. Mais si j'écris ce livre, ce n'est pas uniquement parce que je suis engagé contre les intégrismes, mais surtout – et il faut le dire – parce que cette affaire baigne dans la manipulation la plus grotesque ; et c'est aussi pour soutenir tout simplement le fait que les principes religieux n'ont pas à être opposés à la liberté d'expression et au droit, que doit s'accorder chaque citoyen, de critiquer, de caricaturer ou de tourner en dérision les religions, toutes les religions.

J'ai eu déjà l'occasion de l'affirmer : je suis musulman, croyant et respectueux des principes de l'islam, mais en même temps je suis profondément laïc, démocrate et très attaché à la liberté d'expression. Au risque de choquer quelques âmes sensibles et les tenants de la « bien-pensance », je dirai qu'il nous incombe aujourd'hui d'expliquer aux esprits atteints d'archaïsme et de bêtise, aussi bien en France qu'ailleurs, qu'il existe au sein du monde musulman des individus, hommes et femmes, jeunes et âgés, lettrés et illettrés, qui refusent de concevoir leur vie exclusivement autour de la religion, encore moins de laisser celle-ci entre les mains d'une idéologie rétrograde. Les islamistes le savent, ils ne cessent d'ailleurs d'essayer d'éliminer, d'une manière ou d'une autre, à travers le terrorisme intellectuel ou le crime abject, tous ceux qui veulent d'un islam ouvert, tolérant et moderne.

Abdiquer face à l'islamisme n'a jamais été chez moi une ligne de conduite et ne le sera sans doute jamais. C'est pour cela que je reste souvent ahuri devant les postures adoptées par beaucoup de responsables politiques en Occident. Notamment quand des crises pointant du doigt l'islamisme viennent, en quelque sorte, les mettre face à leur responsabilité. De ce point de vue, la position de Jacques Chirac lors de l'affaire des caricatures m'a laissé tout simplement sans voix, comme elle a laissé sans voix beaucoup de démocrates et laïcs de confession musulmane.

En effet, le chef de l'État a estimé qu'il ne « fallait pas jeter de l'huile sur le feu » quand le quotidien *France-Soir* et l'hebdomadaire satirique *Charlie Hebdo* ont décidé, tour à tour, de publier les caricatures « offensantes » en signe de solidarité avec le journal danois *Jyllands-Posten*.

Comment apprécier l'attitude du président français quand on sait que des journalistes sont emprisonnés dans les pays arabes pour avoir osé publier des caricatures ou pour avoir donné raison au quotidien scandinave ? Il est évident que les gouvernements occidentaux, que ce soit en Europe ou en Amérique du Nord, n'ont jamais été du côté des démocrates musulmans. Malgré le choc provoqué par les attentats du 11-Septembre, bien que les islamistes, toutes tendances confondues, ne cessent de montrer leur vrai visage, plusieurs hommes et femmes politiques, de droite comme de gauche, continuent de brosser les islamistes dans le sens de la barbichette. Position qui ne manque pas de donner des ailes aux intégristes, qui, du coup, se présentent comme les interlocuteurs privilégiés des gouvernements occidentaux puisqu'ils voient leur discours légitimé par des déclarations ahurissantes de responsables de grands pays démocratiques censés être intransigeants sur les questions liées à la liberté d'expression, voire à la liberté tout court.

Quand j'entends par exemple Nicolas Sarkozy, un ministre de la République, de surcroît prétendant à la magistrature suprême, expliquer sur un plateau de télévision[1] qu'il a choisi de dialoguer avec les islamistes de l'UOIF, l'Union des organisations islamiques de France, défenseurs de l'idéologie des Frères musulmans, parce qu'ils sont « pratiquants » et habitués des mosquées, c'est certainement sa manière de les reconnaître comme de « bons » musulmans, contrairement aux « mauvais » qui ne fréquentent pas les mosquées avec la même assiduité. Si même un ministre d'une République laïque comme la France se permet aujourd'hui de mesurer la foi des croyants, c'est qu'il y a certainement quelque chose qui ne tourne pas rond.

Si à cela il faut ajouter l'attitude de ces quelques députés qui ont voulu nous faire passer des lois anti-blasphèmes, de ces intellectuels – parfois de gauche – qui ont crié à « l'islamophobie », de ces bien-pensants qui ont accusé le *Jyllands-Posten* d'être un « journal raciste » et les journaux français d'être

1. Dernière émission de *Culture et Dépendance*, animée par Franz-Olivier Giesbert sur France 3 le 21 juin 2006.

« provocateurs », je pense qu'il y a vraiment matière à inquiétude.

Ces attitudes terrifiantes qui, un peu plus d'une décennie après Salman Rushdie et ses *Versets sataniques*[1], nous montrent que la mobilisation contre l'intégrisme a faibli et que la terreur islamiste a probablement laissé quelques traces dans les esprits les plus terrifiés par la folie meurtrière des émules d'Oussama Ben Laden.

C'est pour toutes ces raisons que j'ai voulu écrire ce livre en demandant à Ramo, un talentueux caricaturiste d'origine algérienne, musulman lui-même, de dessiner librement le Prophète, de caricaturer l'islam ou les islamistes. Quelques-uns de ces dessins illustrent d'ailleurs la couverture de ce livre.

Serait-ce de la provocation de ma part ? Absolument pas. J'ai voulu montrer à certains Occidentaux le degré de leur méconnaissance de l'islam et des musulmans. Que diront-ils ? Que ce livre est « islamophobe » ? Raciste ? Qu'il sert à « jeter de l'huile sur le feu » ? Que le caricaturiste est un salaud ? Que nous sommes de mauvais musulmans ? Qu'ils le disent ! J'en prendrai acte.

En outre, ce que personne n'osera dire, c'est qu'au moins nous ne sommes pas animés par un esprit munichois. Beaucoup de musulmans vivant sur le

1. Salman Rushdie, *Les Versets sataniques*, Plon, 1999.

sol européen n'attendront pas de voir le fascisme vert défiler sur les Champs-Élysées pour entrer en résistance. Et beaucoup de citoyens antifascistes ne comptent pas laisser ce genre de questions exclusivement entre les mains de représentants de l'extrême droite.

Il faut que tous les esprits bien-pensants tentés par la compromission sachent que, si l'Europe et ses dirigeants comptent se laisser faire devant les tenants des thèses les plus rétrogrades, beaucoup de musulmans n'ont pas l'intention de reculer face à ce fascisme qu'est l'islamisme.

J'ai voulu dire aussi aux intégristes que le seul Prophète que les caricaturistes ont dessiné est celui dont eux-mêmes utilisent injustement le nom pour tenter de légitimer de viles pratiques et des crimes abjects. L'islam brocardé par les coups de crayon est celui dont se réclament ces fous qui nous menacent et qui nous tuent, mais certainement pas l'islam des Lumières et des philosophes. L'islam caricaturé, c'est l'islam de Ben Laden et certainement pas celui d'Averroès. La satire stigmatise la bêtise, certainement pas l'intelligence.

Par ailleurs, je pense aussi que la publication des caricatures nous a permis à tous de constater le niveau du débat qui prévaut aujourd'hui dans les sociétés européennes mais également dans les sociétés musulmanes. Entre le militant islamiste, en djellaba et babouches, hurlant sa colère les yeux écarquillés tout en brûlant des drapeaux à Damas et l'homme politique conservateur de droite, avec son air de premier de la classe, qui, à Paris, nous rappelait qu'il « fallait respecter les religions » – comme si une critique était une attitude irrespectueuse –, il y avait là certainement une caricature qui n'avait même pas à être dessinée. À l'évidence, le XXIe siècle ne sera pas spirituel mais bien celui de la connerie...

Et cette connerie tout comme ce cynisme qui caractérise les islamistes sont totalement présents dans l'affaire des caricatures.

Mais pour comprendre ce qui s'est réellement passé au Danemark, il est nécessaire de revenir sur la chronologie de l'affaire et sur le contexte politique de ce pays et dans l'ensemble de pays nordiques. Et il faut surtout se remémorer une histoire terrible : celle de l'assassinat du réalisateur néerlandais Theo Van Gogh.

1

L'affaire Theo Van Gogh, Ayaan Hirsi Ali et le climat au Danemark

Rappelons-nous les événements qui se sont produits une année auparavant aux Pays-Bas. En effet, onze mois avant la publication des caricatures de Mahomet par le *Jyllands-Posten*, un climat de peur générale avait envahi l'ensemble des pays nordiques.

Et pour cause, le 9 novembre 2004, des milliers de personnes s'étaient rassemblées à Amsterdam pour assister aux funérailles de Theo Van Gogh, un réalisateur néerlandais assassiné une semaine plus tôt, le 2 novembre, en pleine rue par un islamiste.

Âgé de quarante-sept ans, Theo Van Gogh, arrière-petit-neveu du célèbre artiste peintre Vincent Van Gogh, s'était distingué au cours des dernières années, et notamment depuis les attentats commis le 11 septembre 2001 sur le sol américain, par des critiques virulentes de la religion musulmane et des musulmans. Plusieurs fois menacé par des intégristes, il répétait pourtant : « Je ne suis qu'un idiot du village, ils ne me feront rien », croyant certainement que les islamistes pouvaient avoir ne serait-ce qu'un brin d'humour et d'esprit pour accepter la dérision, la satire, voire la provocation et la polémique.

Provocateur, Theo Van Gogh l'était sans aucun doute. L'homme avait le don d'agacer à travers ses sorties médiatiques, ses films ou ses livres. C'est cette attitude qui l'avait d'ailleurs rendu célèbre. Il avait par exemple commencé par créer de vives polémiques aux Pays-Bas en tenant des propos antisémites. Pour lui, « tout pouvait être dit », c'était en quelque sorte sa doctrine. Et si ses détracteurs le prenaient parfois pour un fou, ses amis continuaient de le soutenir en répétant que c'était un « brave type ». C'est ce que pensaient de lui certains dirigeants politiques, dont Jan Marijnissen, le chef de file du parti socialiste néerlandais.

Quoi qu'il en soit, plusieurs déclarations de Theo Van Gogh étaient incontestablement revêtues d'un caractère raciste. D'autres étaient sexistes ou homophobes. En clair, ses provocations n'épargnaient personne et ses critiques à l'égard de l'islam correspondaient à l'image que le personnage voulait donner de lui-même.

En 2004, lorsqu'il décide de réaliser le court-métrage *Submission*[1], il demande que le scénario soit

1. Littéralement : « Soumission ».

écrit par Ayaan Hirsi Ali, députée d'origine somalienne, membre du parti conservateur libéral. Cette femme est connue pour ses positions anti-islamistes. Depuis son arrivée aux Pays-Bas, elle n'a eu de cesse de militer contre l'intégrisme.

Réputé pour son sexisme, Theo Van Gogh va pourtant travailler aux côtés d'une militante qui plaide pour l'émancipation des femmes musulmanes. Une démarche qui donne un aperçu sur l'un des paradoxes qui entourent ce personnage complexe. Mais là où le réalisateur est égal à lui-même, c'est quand il prend le parti de franchir allègrement les limites de l'acceptable en poussant la provocation le plus loin possible. Dans son court-métrage, Van Gogh fait écrire des citations du Coran sur des corps de femmes, et quand il s'adresse aux médias il traite les musulmans de « baiseurs de chèvres » et de « cireurs de pompes d'Allah ».

Le réalisateur était convaincu qu'il y avait une guerre des religions, un clash des civilisations et ne faisait aucun distinguo entre la religion musulmane et l'idéologie islamiste. Beaucoup de ceux qui l'ont connu estiment aujourd'hui qu'il voulait convaincre les Néerlandais de l'impossibilité de vivre en harmonie avec les musulmans. Theo Van Gogh avait d'ailleurs été un grand supporter de Pim Fortuyn, le dirigeant d'extrême droite néerlandais, assassiné, lui, en 2002 par un militant d'extrême gauche.

N'empêche, malgré son attitude certes plus que discutable, parfois condamnable, le réalisateur ne méritait évidemment pas la mort. Il méritait peut-être des procès, des mises au point, des polémiques, mais pas de se faire assassiner.

Ayaan Hirsi Ali l'avait prévenu du danger qu'allait représenter *Submission*. Mais Van Gogh voulait à tout prix signer son œuvre contre l'avis de la députée, qui lui avait conseillé de rester discret. Il répétait alors : « Si je ne peux pas signer un film aux Pays-Bas sans risquer la mort, cela veut dire que nous vivons en pleine barbarie. » Il était loin de se douter que la barbarie, cachée derrière le visage de l'intégrisme, était bien présente en Europe aussi.

Son tueur, Mohamed Bouyeri, âgé de vingt-six ans, est d'origine marocaine mais possède la nationalité néerlandaise. Après avoir tiré plusieurs coups de pistolet sur Theo Van Gogh, il a utilisé un couteau pour lui trancher la gorge. Le réalisateur faisait du vélo dans les rues d'Amsterdam avant de se faire surprendre par le terroriste, qui guettait ses mouvements depuis déjà quelques jours. Pour marquer les esprits, Mohamed Bouyeri a même tenu à laisser sur le cadavre du réalisateur un message pamphlétaire de cinq pages dans lequel il reconnaît avoir agi « au nom de l'islam ». Dans le même message, il menace de mort d'autres personnalités néerlandaises, et notamment Ayaan Hirsi Ali. Cette dernière était naturellement visée pour son rôle de scénariste dans le film *Submission*.

Mohamed Bouyeri est né et a été éduqué aux Pays-Bas. C'est un citoyen européen. Son acte signe le début d'un nouveau type de terrorisme visant l'Europe : celui perpétré par des jeunes nés sur le sol européen et possédant une nationalité européenne. Une année plus tard, les attentats de Londres confirmeront cette nouvelle tendance. Mohamed Bouyeri a été endoctriné dans la banlieue d'Amsterdam et avait, dit-on dans les milieux policiers, des liens avec certains des terroristes ayant commis, en mai 2003, les attentats de Casablanca.

Désormais, on le sait : c'est au sein de la deuxième voire de la troisième génération d'immigrés que l'islamisme tente de recruter des jeunes prêts au djihad.

Pourtant, les Pays-Bas possèdent une politique très conciliante et permissive à l'égard de la communauté musulmane et surtout des islamistes eux-mêmes. Certains bénéficient d'allégements fiscaux, d'une très bonne couverture sociale et jouissent, en matière de travail et de logement, de la discrimination positive.

Malgré les efforts des autorités néerlandaises en faveur d'une intégration réussie, Mohamed Bouyeri et ses complices préféraient se délecter des prêches d'idéologues salafistes. Selon des informations parues dans la presse au lendemain du démantèlement du « groupe Bouyeri », appelé également la « cellule Hofstad », l'assassin de Van Gogh et ses acolytes préparaient un attentat qui devait prendre pour cible un réacteur nucléaire.

Visiblement, ces islamistes n'étaient pas satisfaits de la politique du gouvernement néerlandais. Ils voulaient interdire la vente d'alcool dans les quartiers à majorité musulmane et faire bannir toute critique et tout débat autour de l'islam et de l'islamisme.

L'assassinat de Theo Van Gogh déclenche alors une série d'incidents intercommunautaires aux Pays-Bas, un pays pourtant réputé pour sa tranquillité. Plusieurs mosquées sont attaquées, deux églises manquent d'être incendiées, un attentat à la bombe artisanale est perpétré contre une école islamique à Eindhoven. Cette situation suscite une vague d'émotion à travers le pays. Les appels au calme se multiplient et les autorités, jusque-là passives devant les militants islamistes, craignent désormais l'attentat terroriste, d'autant que les menaces islamistes sont de plus en plus fréquentes sur le Net. Ce climat joue en faveur des dirigeants de l'extrême droite néerlandaise, qui ne cessent de glaner des points dans les sondages.

Certains hommes politiques, de gauche notamment, commencent à songer à faire interdire, par des textes de loi, le blasphème et la critique des religions. Des projections du film *Submission* sont plusieurs fois annulées aux Pays-Bas ainsi qu'en Belgique. L'autocensure bat son plein...

Ce qui se passe du côté d'Amsterdam intéresse alors énormément les pays scandinaves. Une forte communauté musulmane y vit. En Suède, mais aussi au Danemark et en Norvège, plusieurs islamistes ont trouvé refuge depuis les années 1980. Ils forment comme ailleurs une minorité agissante qui n'hésite pas à s'autoproclamer porte-parole de l'ensemble des musulmans.

En effet, en 2004, l'affaire Van Gogh est suivie par les autorités scandinaves, par l'opinion publique, mais aussi par les islamistes, et notamment ceux installés au Danemark. Et si, officiellement, ces derniers condamnent le meurtre de Van Gogh, en privé certains d'entre eux avouent « comprendre » le geste de son bourreau. C'est ce que m'a confié Ahmed Abou Laban, l'un des leaders des islamistes danois en février 2006. Cette attitude qui tend à justifier indirectement le crime est classique chez beaucoup d'intégristes prétendument « modérés ».

Les imams installés dans les pays scandinaves, qui aiment justement se faire passer pour des « modérés », n'hésiteront pas d'ailleurs à provoquer un tollé lorsque plusieurs associations scandinaves décideront de remettre des prix à Ayaan Hirsi Ali pour saluer son courage et sa résistance à l'obscurantisme. Ainsi, en janvier 2004, elle reçoit d'abord le « prix de la liberté » décerné par un *think tank* ultralibéral flamand, avant d'obtenir une autre récompense de la part d'une association norvégienne. La même année, elle se voit également décerner un « prix de la liberté » des mains des responsables du parti libéral danois, la plus importante formation politique du pays, actuellement aux affaires. À la même période son livre, intitulé en français *Insoumise*[1], est publié au Danemark sous le titre : *Jeg anklager*[2]. Dans cet ouvrage, la députée d'origine somalienne dresse un réquisitoire contre les fondamentalistes.

Dans la foulée, elle est reçue par le Premier ministre danois Anders Fogh Rasmussen, chef de file du parti libéral et d'une coalition gouvernementale qui renferme aussi bien des centristes que des représentants de la droite nationaliste.

Cette rencontre entre le Premier ministre et « l'insoumise » est jugée inacceptable par les islamistes de Copenhague, qui crient à la « provocation ». Ces derniers refusent l'hommage rendu par les Danois au combat de la députée d'origine somalienne et le font clairement savoir à travers de virulentes sorties médiatiques.

Trois hommes se distinguent dans la contestation islamiste de la présence d'Ayaan Hirsi Ali au Danemark : Ahmed Abou Laban, Ahmed Akkari et Raed Hlayhel. Trois intégristes, nous le verrons tout au long de cet ouvrage, qui vont jouer un rôle central, quelques mois plus tard, lors de l'affaire des caricatures du Prophète.

Ayaan Hirsi Ali a trente-sept ans. Elle est née en Somalie, un pays où les islamistes sont très influents.

1. Ayaan Hirsi Ali, *Insoumise*, Robert Laffont, 2005.
2. Littéralement : *J'accuse*.

Elle a subi l'excision et a dû accepter, durant de longues années, de porter le voile. Victime d'un mariage arrangé avec son cousin qu'elle devait rejoindre de force au Canada, elle profite d'une escale en Allemagne pour s'échapper en train et gagner, du coup, sa liberté. Elle arrive à la gare d'Amsterdam sans argent et sans aucune perspective d'avenir.

Elle obtient le statut de réfugiée politique aux Pays-Bas et, grâce à sa maîtrise de l'anglais, elle commence par faire des traductions pour des demandeurs d'asile. Elle reçoit par la suite une bourse qui lui permet de suivre des études universitaires. À la fin de sa formation, elle veut s'engager en politique pour poursuivre son combat. C'est ainsi qu'elle va adhérer au parti travailliste.

En janvier 2003, elle se présente aux élections législatives et gagne son siège de députée. Elle milite alors contre l'islamisme, proclame publiquement son athéisme et finit par écrire le scénario de *Submission*, le film qui lui vaut désormais de vivre sous protection policière[1]. Depuis l'assassinat de Theo Van Gogh, elle est à la tête d'une liste comportant les

1. Au milieu de l'année 2006, des journalistes néerlandais vont essayer de démontrer qu'Ayaan Hirsi Ali avait menti sur son passé lors de sa demande de statut de réfugiée politique. Les islamistes et leurs alliés sautèrent sur l'occasion pour exiger que lui soit retiré la citoyenneté néerlandaise. À l'heure où je termine la rédaction de ce livre, les choses semblent être rentrées dans l'ordre.

noms de personnalités hollandaises à assassiner. Lorsque Ayaan Hirsi Ali circule dans les rues de la capitale danoise durant cette année 2004, elle est entourée par un impressionnant dispositif de sécurité. Les autorités craignent que les menaces qui la visent soient mises à exécution pendant sa présence à Copenhague.

Interviewés par les médias, les islamistes danois tentent de justifier leur position. Ils prétendent vouloir « éviter une autre affaire Van Gogh », reconnaissant ainsi à demi-mot que les critiques formulées à l'égard de l'idéologie qu'ils défendent pourraient coûter très cher à leurs auteurs.

Cela dit, la présence d'Ayaan Hirsi Ali au Danemark finit par provoquer la rupture entre les islamistes et le gouvernement. D'autant plus que Pia Merete Kjaersgaard, la présidente du Dansk Folkeparti, le parti du peuple danois, la droite nationaliste, membre de la coalition gouvernementale, avait tenu des propos extrémistes à l'égard des membres de la communauté musulmane. Elle avait par exemple qualifié les jeunes musulmans de « métastases » et de « tumeurs cancéreuses » faisant, là aussi, cet affreux amalgame entre l'extrémisme musulman et les musulmans eux-mêmes.

Il faut rappeler que la ligne politique du parti du peuple danois est teintée à la fois de préoccupations sociales, d'une réelle volonté de réprimer toutes les formes de criminalité, mais aussi d'un nationalisme exagéré caractérisé par une opposition farouche à l'immigration. Ce parti rencontre un réel succès lors des élections législatives danoises du 20 novembre 2001. Et pour cause, deux mois après les attentats du 11-Septembre, les électeurs commencent à montrer de sérieux signes d'inquiétude à l'égard des musulmans vivant sur leur sol, d'autant plus que le seul islam visible au Danemark est celui présenté par les islamistes. N'ayant aucune histoire, aucun passé commun avec des pays musulmans, les Scandinaves en général, et les Danois en particulier, n'ont aucune connaissance de cette religion, qui leur est totalement étrangère, contrairement, aux Méditerranéens par exemple.

La seule image qu'ils ont des musulmans, c'est celle qui est délivrée par les islamistes : barbe hirsute, prosélytisme effréné, totale intolérance et... terrorisme effroyable.

De plus, tout montre que les attentats du 11-Septembre ont joué un rôle considérable dans l'adhésion d'une partie de la société au projet de la droite nationaliste, devenue à l'issue des législatives de 2001 la troisième force politique du pays et membre de la coalition gouvernementale. Position confirmée lors des élections législatives de février 2005 survenues, là aussi, trois mois après une autre action terroriste : l'assassinat de Theo Van Gogh.

Les Danois suivront donc avec attention le procès de Mohamed Bouyeri et de ses complices qui se déroulera à partir du 11 juillet 2005. Les journaux rendront compte des déclarations de l'assassin de

Van Gogh qui assume totalement son acte en précisant, pour le jour où il sera libre, « je referai exactement la même chose ». Pas de remords, pas de regrets et un jusqu'au-boutisme qui pousse beaucoup de Danois à s'interroger sur le message véhiculé par l'islam. Bouyeri sera finalement condamné à la perpétuité. Une peine qu'il devra accomplir totalement, sauf grâce de la reine. Ce qui paraît peu probable.

Il est évident que l'attitude de Bouyeri et la multiplication des actions terroristes sur le sol européen ont été autant de facteurs qui n'ont cessé d'inquiéter la population danoise mais aussi les intellectuels qui savaient désormais que des extrémistes vivaient sur leur territoire. Déjà, au lendemain des attentats du 11-Septembre, ils avaient appris que l'armée américaine avait transféré à Guantanamo un aspirant terroriste de nationalité danoise.

Slimane Hadj Abderrahmane, c'est de lui qu'il s'agit, est un islamiste de trente-cinq ans, de père algérien et de mère danoise. Il a été arrêté en 2001 par les Américains lors de l'offensive menée sur l'Afghanistan. Après trois années passées à Guantanamo, Slimane Hadj Abderrahmane est libéré en 2004 et revient s'installer au Danemark. C'est un homme qui n'a jamais fait secret de ses convictions radicales en se disant toujours prêt à prendre les armes. Il avait affirmé que sa prochaine destination serait la Tchétchénie, mais aussi que le Premier ministre danois et le ministre de la Défense seraient des « cibles légitimes » pour les islamistes. Après ces déclarations, Slimane Hadj Abderrahmane est resté libre et n'a, à aucun moment, été inquiété par les autorités. Le Danemark n'avait pourtant obtenu sa libération de Guantanamo et son retour à Copenhague qu'à la condition qu'il signe un accord avec les autorités américaines stipulant qu'il s'engageait à « ne pas participer à des actions terroristes, à des conspirations contre les États-Unis et leurs alliés ou au djihad ». Mais Slimane Hadj Abderrahmane précisera aux médias que « cet accord n'est qu'un papier à jeter à la poubelle ».

Le parcours de cet islamiste a été plusieurs fois évoqué par le *Jyllands-Posten*, qui a notamment rappelé ses liens avec la mosquée de Grimhojvej, située dans la banlieue ouest d'Aarhus, la deuxième ville du Danemark. Cette mosquée, qui est en réalité une salle de prières, est considérée comme la plus fondamentaliste du pays. Elle est située dans une impasse, au milieu d'une zone industrielle. Elle est dirigée par deux imams salafistes dont les prêches extrémistes ont souvent été évoqués par la presse : Raed Hlayhel et Abou Bilal.

Ces deux hommes, formés à Médine, en Arabie saoudite, n'ont cessé de propager au Danemark une doctrine extrémiste. Ils sont liés à Abou Laban, la tête de pont de l'islamisme dans ce pays scandinave.

Slimane Hadj Abderrahmane fréquente aujourd'hui encore cette salle de prières confinée au milieu d'un quartier populaire. Le *Jyllands-Posten,* dont le siège est à Aarhus, a souvent évoqué dans ses articles la relation entre cet extrémiste musulman et les imams. Le quotidien suivait également de très près le discours véhiculé par les responsables de la mosquée. Ses journalistes avaient pour habitude d'enregistrer les prêches et de les faire traduire avant de les publier dans les colonnes du journal. Certaines déclarations de Raed Hlayhel et des autres imams avaient profondément choqué les lecteurs. Intolérance, incitation à la haine, apologie du terrorisme, les islamistes danois n'ont cessé de se distinguer par leurs positions extrémistes. Et leurs ailes n'ont cessé de pousser devant la passivité des autorités.

Les islamistes en voulaient énormément au *Jyllands-Posten*, qui n'arrêterait pas de rappeler les attitudes de cette poignée d'intégristes excités, jugées contraires aux valeurs de la société danoise.

Abou Bilal, l'un des imams de la mosquée d'Aarhus, m'a clairement affirmé, lorsque je l'ai rencontré en février 2006, qu'il y avait un vieux contentieux entre la mosquée et le *Jyllands-Posten*. Il était convaincu que le journal était « dirigé par des juifs » à la solde d'une politique sioniste. « Le seul souci de ce journal, me dira Abou Bilal, c'est de montrer des choses négatives sur les musulmans. » Des juifs pointés du doigt. Un discours de haine classique chez les islamistes. Pour eux, derrière la plus infime des critiques, il y a forcément un complot. J'ai d'ailleurs toujours été sidéré par leur absence totale d'autocritique ou de recul devant les événements. Ils se considèrent toujours comme les « victimes » des autres même quand ils commettent l'irréparable.

Lors de mon enquête, j'ai vraiment ressenti que les islamistes danois avaient, en réalité, un compte à régler avec le *Jyllands-Posten*. Impression qui ne cessera de se confirmer au contact des imams de Copenhague et d'Aarhus, et notamment au cours des différents entretiens que j'ai eus avec Abou Laban.

D'origine palestinienne, cet homme, aux allures de bon père de famille, vit à Copenhague depuis plus de vingt ans. Il est né en 1946 à Jaffa dans les territoires palestiniens. Sa famille s'installe en Égypte après la création de l'État d'Israël ; il n'a alors que deux ans. C'est au Caire qu'il va grandir et suivre ses études. À vingt-trois ans, il obtient un diplôme d'ingénieur en génie mécanique. Cinq ans plus tard, il épouse sa cousine, avec laquelle il aura sept enfants. C'est durant cette période qu'il se met à suivre des études de théologie et à fréquenter les milieux islamistes égyptiens et notamment les membres les plus radicaux de la confrérie des Frères musulmans. Dès les années 1980, son activisme le rend finalement indésirable sur les bords du Nil.

Pour éviter un probable emprisonnement, il s'installe, en 1982, au Nigeria pour travailler dans le secteur pétrolier après avoir effectué un bref séjour aux Émirats arabes unis. Il profite de sa présence dans ce pays africain pour continuer à faire du prosélytisme.

C'est en 1984 qu'il décide de partir pour le Danemark afin d'y élire domicile. Il sollicite un statut de réfugié politique, qu'il obtiendra sans peine grâce à l'aide d'un certain Abdelwahid Pedersen, un Danois converti à l'islam cette même année. Pedersen est marié à une Marocaine. Il parle parfaitement l'arabe avec un léger accent marocain. Abou Laban le considère comme étant « l'un des plus brillants musulmans danois. C'est un homme à tout faire », me précisera-t-il.

Abdelwahid Pedersen est à la tête de Danish Muslim Aid, une « ONG humanitaire » surveillée de très près par les autorités américaines, qui la soupçonnent d'avoir, dans le passé, financé des mouvements suspects.

Pedersen a été lui aussi très actif à Copenhague dans l'affaire des caricatures. Il ne m'a pas caché ses convictions. Pour lui, « le principal ennemi, c'est la laïcité ». Pourquoi ? Parce que, dira-t-il, « les gens considèrent aujourd'hui la laïcité comme si c'était un idéal religieux. Les gens respectent la laïcité comme une religion. » Voilà qui est dit.

Pour revenir à Abou Laban, son installation au Danemark est due au fait qu'il soit indésirable en Égypte et aux Émirats arabes unis en raison de liens supposés avec des groupes extrémistes. Au Danemark, il est connu pour ses déclarations et ses commentaires sur l'actualité politique. Il n'a eu de cesse de parler « d'islamophobie » dès que des journalistes critiquaient ses prêches.

D'ailleurs, même l'un de ses fils s'est distingué, au lycée, d'où il a été exclu pour avoir voulu imposer des heures de prière et avoir tenu des propos extrémistes. Son rejeton est affilié au Hizb at-tahrir [1], une organisation extrémiste présente dans plusieurs pays européens. Et quand on pose la question à Abou Laban, il répond avec nonchalance : « Si mon fils est extrémiste, moi je ne le suis pas », essayant de minimiser le comportement de celui-ci en affirmant que ce n'est là qu'une « crise d'adolescence ».

Ahmed Abou Laban se distingue au Danemark par l'utilisation quasi systématique d'un « double discours ». Il souffle le chaud et le froid, tient un discours aux médias danois et un autre aux télévisions satellitaires arabes.

Il reçoit ses visiteurs avec le sourire au siège de Det Islamiske Trossamfund I Danmark, « la société islamique du Danemark », la plus grande association musulmane du pays, où il a installé son bureau pour y jouer le rôle de guide spirituel. Il est accueillant et propose à ses invités café, thé, chocolat et gâteaux orientaux. Jouant au séducteur, Abou Laban veut donner aux Occidentaux l'image d'un homme « modéré ». Mais en réalité ses convictions sont tout autres. Son parcours et ses fréquentations sont ceux

1. Littéralement : « le parti de la libération ».

d'un islamiste convaincu. Il fait d'ailleurs en sorte de cacher scrupuleusement son passé obscur, ses relations avec les islamistes égyptiens, et notamment les liens qu'il a entretenus avec Omar Abderrahmane, le leader du groupe terroriste Gamaa Islamiya [1], initiateur de l'attentat qui a visé le World Trade Center à New York en février 1993. Il est depuis emprisonné aux États-Unis.

Lorsque je l'ai interrogé sur ses liens avec ce chef terroriste et sur leur rencontre à Copenhague à la fin des années 1980, il a répondu ironiquement que c'était « le Danemark qui lui avait donné un visa » et non lui. Cela dit, Abou Laban n'a à aucun moment nié ses contacts avec Omar Abderrahmane, mais n'a pas donné les raisons qui l'ont poussé à entretenir une relation durable avec un chef terroriste auquel il continue de rendre hommage.

Abou Laban possède également des connexions avec certains dirigeants du Hamas palestinien. On le soupçonne d'ailleurs d'être un membre à part entière de ce parti extrémiste qui soutient le terrorisme. Pendant ma présence à Copenhague, il n'a pas hésité à rendre hommage aux kamikazes qui « luttent contre l'ennemi sioniste », dira-t-il.

Ahmed Abou Laban voulait depuis quelques années régler ses comptes avec le *Jyllands-Posten*, un journal qu'il continue d'ailleurs de qualifier de

1. Littéralement : « le groupe islamique ».

raciste. Lors d'un prêche du vendredi, il les prévint avec ces mots sans ambiguïté : « Ne touchez plus jamais au prophète Mahomet. Faut-il attendre une troisième guerre mondiale ? »

Après la publication des caricatures, plusieurs voix se sont élevées pour jeter le doute sur le quotidien. Accusé d'être « proche de l'extrême droite », d'être « composé d'une équipe de racistes », de « soutenir la montée de la xénophobie au Danemark », il a subi toutes les attaques, des plus injustes aux plus fantaisistes. Certains commentateurs mal informés pensaient même que ce journal était un « petit tabloïd régional cherchant un coup médiatique pour se faire de l'argent ». Alors, qu'en est-il exactement ?

En réalité, le *Jyllands-Posten* est le plus grand quotidien danois en terme de tirage. Il publie chaque jour 150 000 exemplaires. Ce qui est énorme dans un pays qui compte moins de six millions d'habitants. C'est également l'un des plus anciens journaux du pays. Il a été fondé en 1871. Il appartient au groupe de presse Politiken Corporation, qui édite plusieurs journaux, quotidiens régionaux et magazines. Le groupe possède également des maisons d'édition et commercialise plusieurs produits multimédias ; il est aussi présent dans les autres pays scandinaves.

Politiquement parlant, le *Jyllands-Posten* est un journal considéré comme « libéral et conservateur ». Quoi qu'il en soit, c'est loin d'être un journal qu'on pourrait soupçonner d'entretenir des liens idéologiques ou autres avec l'extrême droite. Concernant l'accusation véhiculée par les islamistes et dans certains pays arabes quant à l'existence de supposées relations entre le journal et l'État d'Israël, c'est tout simplement une affirmation totalement farfelue. Pour l'anecdote, selon les informations que j'ai pu recueillir à Aarhus, il n'y aurait même aucun journaliste de confession juive au sein de la rédaction. D'ailleurs, quand j'ai demandé aux islamistes d'étayer leur « accusation », ils m'ont montré le logo du journal. Pour eux, ce serait une « étoile de David dissimulée ». Ils parlent en réalité d'un simple logo de couleur jaune représentant les lueurs du soleil... Ce logo veut tout simplement dire que le *Jyllands-Posten* est un quotidien du matin. Chose qui m'a été confirmée par tous les Danois que j'ai interrogés.

Ce genre de désinformation fonctionne très bien dans des pays qui favorisent le communautarisme. Les immigrés du Danemark vivent, à l'image de ceux de la France et de beaucoup de pays européens, en communauté dans des immeubles, des ghettos, dans la périphérie des grandes villes. Les musulmans ont l'habitude de se retrouver sur les marchés dans lesquels des échoppes vendent des produits importés de pays arabes et de la viande *hallal*. Dans les cafés, les discussions évoquent tous les sujets, et chaque nouvelle rumeur prend l'allure d'une information avérée que nul n'aura le courage de contester. Certaines personnes interrogées pensent effectivement que derrière l'affaire des caricatures il y a « un complot ourdi contre l'islam et les musulmans ». Le plus souvent l'information leur a été révélée par l'imam lors du prêche du vendredi.

En réalité, à travers ces tentatives de diabolisation et de décrédibilisation, les islamistes danois cherchent, à l'instar de leurs « frères » installés à Amsterdam, à Paris ou à Londres, à faire taire, d'une manière ou d'une autre, leurs détracteurs. Certains utilisent la terreur, d'autres usent de discours et de pression ou tentent de faire imposer de nouvelles lois. Enfin, tous excellent dans la désinformation et la calomnie.

Il faut savoir également que, contrairement à la France, le Danemark n'est pas un pays laïc. En Scandinavie, seule la Suède a procédé, en janvier 2000, à la séparation de l'Église et de l'État. Au Danemark, plus de 85 % de la population, composée de cinq millions et demi de Danois, appartiennent à l'Église évangélique luthérienne.

Mais, depuis quelques années, plusieurs Danois souhaitent voir leur pays suivre l'exemple du voisin suédois et laïciser la vie publique. Selon un sondage réalisé en 2006, la moitié des membres du parlement danois se prononce pour une totale séparation, ou à tout le moins pour une distanciation, entre l'État et l'Église. Cela étant dit, malgré l'existence d'un lien fort avec le fait religieux, les Danois ont une vraie culture de liberté d'expression et la critique de la religion fait partie d'une vieille tradition, notamment dans la presse, tout comme la satire et la caricature.

Dans le contexte de l'après-11 septembre 2001 et celui des attentats de Madrid, le 11 mars 2004, ou encore celui des attentats de Londres, le 7 juillet 2005, sans oublier l'assassinat de Theo Van Gogh, les tensions communautaires se sont faites de plus en plus criantes au Danemark. Ces tensions se sont exprimées notamment à travers des déclarations excessives aussi bien de la part des représentants de l'extrême droite que de la part des leaders islamistes.

Le Danemark, qui n'a pas cessé d'accueillir une immigration de plus en plus importante, a du mal à intégrer ses étrangers. Une situation qui n'a pas manqué de donner des arguments aux détracteurs du multiculturalisme.

La montée de l'extrême droite a permis aux membres du parti du peuple danois d'occuper près de 13 % des sièges à l'Assemblée. Le parti d'extrême droite a inspiré une série de lois défavorables aux étrangers et à l'immigration tant et si bien que le Danemark est considéré, depuis quelques années, comme le pays possédant les lois les plus restrictives en Europe. Ces dernières années, il a considérablement radicalisé sa politique d'immigration et érigé des entraves quasi insurmontables au regroupement familial et à la naturalisation. Le code de la nationalité a été durci. Désormais, pour devenir danois, il faut passer des tests de langue et de culture générale. De surcroît, le Danemark participe à la coalition en Irak, où sont toujours ses soldats.

Devant la montée de l'extrême droite, de plus en plus de jeunes issus de l'immigration sont séduits par les messages délivrés par les islamistes. Ces derniers, divisés en plusieurs courants, utilisent un discours populiste reposant sur la « victimisation ». Les représentants de la doctrine des Frères musulmans, ceux du Hizb at-tahrir, ont su capter l'attention de beaucoup de jeunes musulmans mais aussi convertir un nombre non négligeable de jeunes danois.

Ce contexte a créé un climat de méfiance mutuelle et il est évident que l'assassinat de Theo Van Gogh a accentué cette même méfiance. En effet, cette action criminelle a provoqué une énorme incompréhension dans l'ensemble des pays scandinaves, et davantage peut-être au Danemark. Malgré la personnalité jugée parfois « excessive » du réalisateur et son goût prononcé pour la provocation, les Danois n'ont pu expliquer ni accepter l'horrible assassinat dont il a été victime. Et c'est à partir de cet acte terroriste, parce que c'en est un, que les sujets liés à l'islam et à l'islamisme sont devenus pratiquement tabous au Danemark. Beaucoup d'intellectuels, de dessinateurs, de cinéastes et de journalistes ne voulaient plus aborder ces sujets.

À Aarhus, les islamistes maintenaient une pression sans faille sur le *Jyllands-Posten* et en direction des autres journaux pour les empêcher, en les poussant vers l'autocensure, d'évoquer des sujets liés à l'islamisme. Un autre député d'origine musulmane essayait de résister à l'instar d'Ayaan Hirsi Ali aux Pays-Bas. Son nom : Naser Khader.

Député de l'opposition, Naser Khader est l'une des personnalités politiques danoises les plus en vue. Ce parlementaire d'origine syrienne n'a cessé d'appeler à l'adaptation de l'islam à la modernité européenne. Une attitude naturellement fortement contestée par les islamistes. Naser Khader répète que « l'islam aurait besoin d'un peu de théologie protestante ! Il devrait s'adapter à l'évolution de la société moderne et accepter la liberté individuelle, la pensée critique et le pluralisme. » Pour lui, seules les idéologies totalitaires ne supportent pas la critique. Devant ses confrères députés, dont certains ne cessent de montrer une extraordinaire passivité à l'égard des islamistes, de peur certainement de se faire traiter de racistes, il explique que cette « attitude laxiste encourage certains musulmans à se complaire dans une faiblesse qui les condamne à mort ».

Naser Khader est considéré comme la bête noire des islamistes danois. Il critique leur action, tente d'expliquer à ses concitoyens la réalité de la religion musulmane et n'a de cesse d'apporter, par médias interposés, la contradiction à Abou Laban et à ses acolytes. Cette contradiction était d'autant plus nécessaire que les islamistes essayaient, depuis 2001 et l'émergence du parti d'extrême droite, de présenter le Danemark comme un pays raciste. C'est comme si la présence de Jean-Marie Le Pen au deuxième tour de l'élection présidentielle en France avait suffi à présenter la France comme un pays raciste. Cette précision est nécessaire pour certains journalistes et autres intellectuels français bien-pensants qui ont essayé, eux aussi, de dépeindre le royaume du Danemark, à la suite de la publication des caricatures, comme un État raciste et xénophobe. Affirmer cela, c'est méconnaître totalement à la fois le passé et le présent de ce pays.

Rappelons tout de même que le Danemark a été l'un des rares pays européens à refuser de livrer des juifs aux nazis pendant la Seconde Guerre mondiale au moment où plusieurs pays et dirigeants européens avaient choisi la collaboration avec l'Allemagne hitlérienne. Christian X, le roi du Danemark, avait à l'époque cousu une étoile jaune sur sa tunique en signe de solidarité avec la souffrance et l'injustice subies par les populations de confession juive. L'ensemble des Danois firent alors comme lui pour protester contre la politique nazie et n'hésitèrent pas à cacher des familles juives pour leur épargner la déportation. Ce rappel historique est, me semble-t-il, nécessaire afin de permettre à tout un chacun de comprendre à la fois le degré d'attachement des Danois aux principes de liberté et la tradition anti-totalitaire qui les a toujours animés.

Cela dit, les islamistes qui ont accusé le Danemark de racisme durant l'année 2005 ignoraient certainement, ou feignaient d'ignorer, l'histoire de ce pays qui les a pourtant accueillis, leur accordant presque systématiquement toutes les facilités matérielles et sociales afin qu'ils puissent y vivre dignement.

Cela étant dit, loin des médias, une autre affaire se dessinait durant cet été 2005. Elle a commencé quelques mois après l'assassinat de Theo Van Gogh.

Kare Bluitgen, un intellectuel spécialisé dans l'écriture de livres pour enfants et adolescents, prend la décision de publier un ouvrage intitulé *Koranen og profeten Muhammeds liv*[1]. Comme il le fait habituellement pour ce genre d'ouvrages, il cherche un dessinateur pour illustrer son texte. Mais, quelques mois après l'assassinat de Theo Van Gogh, aucun dessinateur n'accepte de l'accompagner dans son œuvre.

Kare Bluitgen est un auteur connu pour son sérieux. Ce n'est ni un provocateur ni un polémiste. Ses livres pour enfants ont du succès au Danemark et il les fait systématiquement illustrer par des dessins « gentillets », en témoignent d'ailleurs ceux que j'ai pu voir aussi bien dans ses précédents ouvrages que dans celui relatant la vie de Mahomet. Pour raconter la vie du Prophète, il s'est d'ailleurs inspiré des travaux des biographes musulmans les plus sérieux. Cela étant dit, lorsqu'il contacte les trois dessinateurs avec lesquels il voulait travailler, tous refusent d'illustrer son livre. Situation qui l'émeut profondément.

Frustré, Kare Bluitgen accorde une interview au

1. Littéralement : « Le Coran et la vie du prophète Mahomet ».

Politiken, un quotidien de gauche, considéré comme le deuxième du pays après le *Jyllands-Posten*. Dans cet entretien, publié le 17 septembre 2005 sous le titre « Peur profonde de la critique de l'islam », Bluitgen fait part de son incompréhension et dénonce l'autocensure qui s'est installée au Danemark depuis l'assassinat de Van Gogh. Il raconte ses difficultés à trouver un dessinateur qui accepte d'illustrer la vie du prophète Mahomet. Ceux qu'il a contactés ont refusé de collaborer avec lui pour des raisons de sécurité. Ils n'ont pas caché leur peur des représailles qui pourraient les viser après la publication de l'ouvrage. Le seul dessinateur qui a accepté de faire les illustrations a exigé de ne pas signer son travail. Cette peur et l'autocensure qui en a découlé ont provoqué un véritable débat au Danemark sur la liberté de la presse. Certains estimaient que l'islam ne devait pas bénéficier d'un traitement particulier alors que les autres religions étaient, elles, illustrées, caricaturées ou critiquées.

Ce débat envahit également la rédaction du *Jyllands-Posten*. C'est là que l'idée de faire appel à des caricaturistes pour dessiner le prophète Mahomet est émise, lors d'une conférence de rédaction quotidienne. C'est un journaliste, Stig Olesen, qui en fait la proposition en ce mois de septembre 2005. Selon plusieurs témoignages, personne n'avait réellement réagi. Deux jours plus tard, le même journaliste remet sa proposition sur la table. « Cela servira, dit-il, à mesurer le degré de la liberté de la presse au

Danemark. » Cette fois l'idée commence à séduire et les responsables du journal en parlent sérieusement. La question fait longuement débat au sein de la rédaction.

C'est dire comme le procès fait au *Jyllands-Posten* était totalement injuste. L'intention des journalistes était de voir jusqu'où l'autocensure pouvait aller puisque tout le monde connaissait les difficultés rencontrées par Kare Bluitgen. C'était donc un simple projet journalistique qu'on pourrait qualifier de tout à fait légitime, notamment dans une démocratie.

Au départ, cette idée ne fait pas l'unanimité au sein de la rédaction. Les journalistes du quotidien sont partagés. Mais tous semblent être d'accord sur le fait qu'il faut faire quelque chose et se battre en faveur de la liberté de la presse[1].

Trois responsables du journal vont longuement débattre de la question : Carsten Juste, le rédacteur en chef du quotidien, Flemming Rose, le responsable des pages culturelles, et Pierre Collignon.

Il est d'abord question de publier les caricatures dans l'édition du dimanche. Mais, très vite, la décision est prise par Carsten Juste de lancer un débat autour de la liberté d'expression dans les pages culturelles du journal. C'est ainsi que Flemming Rose se charge de contacter le syndicat des caricaturistes

1. Entretien réalisé en juin 2006 avec Pierre Collignon, journaliste franco-danois rédacteur en chef des pages dominicales du *Jyllands-Posten*.

danois qui compte une quarantaine de membres, leur demandant de proposer des dessins de presse représentant le prophète Mahomet. La question qui leur est alors posée est : « Si vous aviez à représenter le Prophète, que dessineriez-vous ? »

Seuls douze caricaturistes se disent prêts à prendre part à l'expérience, tandis que certains n'ont même pas voulu répondre à l'appel. Ceux qui acceptent de dessiner Mahomet acceptent en même temps de signer leur caricature. C'est là une condition du journal. Mais, en réalité, sur les douze caricaturistes, trois font partie de l'équipe du *Jyllands-Posten*. En fait, neuf dessinateurs seulement ont pris le risque de participer à ce projet journalistique.

Flemming Rose, qui a suivi le projet jusqu'à la publication des caricatures, sera lui aussi accusé de tous les maux. Il devra supporter une énorme pression. Accusé, à l'instar de son journal, de racisme et de xénophobie, le responsable des pages culturelles du *Jyllands-Posten* est en fait un ancien militant marxiste. Avant la chute du mur de Berlin, il part en Union soviétique réaliser son rêve de jeunesse : vivre dans un pays communiste. Il est alors nommé correspondant du *Jyllands-Posten* à Moscou et épouse une Moscovite. Mais, très vite, il est écœuré par le totalitarisme soviétique. Pour lui, c'est la désillusion. Il revient au Danemark et prend définitivement ses distances avec le marxisme.

Son séjour en Union soviétique lui a permis de gagner en maturité. Il devient alors un fervent militant pour la liberté, opposé à toutes les formes de totalitarisme. Pour l'avoir rencontré, je peux affirmer aujourd'hui haut et fort que Flemming Rose est loin d'adhérer à un quelconque discours extrémiste ou totalitaire. Il voit, à juste titre, dans l'islamisme l'émanation d'un totalitarisme qu'il faut nécessairement combattre. Comme il le répète souvent, « il ne faut pas confondre le respect de la religion et la soumission à des religieux. »

D'ailleurs, ce qu'il a demandé aux dessinateurs ne consistait ni à manquer de respect aux musulmans ni à se moquer de l'islam. La demande du journal, faut-il le rappeler, était claire. Il s'agissait de laisser chaque caricaturiste dessiner le prophète de l'islam comme il le voyait. En réalité, à bien regarder la démarche du journal danois, celle-ci visait davantage à mesurer le niveau de l'autocensure chez les dessinateurs qu'à choquer les musulmans.

Les islamistes danois ont été les premiers à être furieux. Ahmed Abou Laban, l'imam de Copenhague, a écrit une lettre au *Jyllands-Posten* dès qu'il a appris que le journal s'apprêtait à lancer un débat sur la liberté d'expression en « dessinant le Prophète ». Dans sa lettre, Abou Laban mettait en garde les responsables de la rédaction sur la « réaction des musulmans ». Il leur rappelait également qu'il était « interdit de représenter le prophète Mahomet ».

L'injonction faite par l'islamiste montre l'objectif non avoué des intégristes : nous faire reculer sur des principes fondamentaux en essayant de prendre le contrôle des consciences. Ils veulent contrôler ce qui doit être publié et ce qui ne doit pas l'être.

Revenir sur ce contexte particulier était nécessaire pour comprendre le climat général qui prévalait au Danemark avant l'affaire des caricatures.

On s'aperçoit donc que la publication des dessins par le *Jyllands-Posten* n'était pas une provocation gratuite, destinée à choquer ou à provoquer les musulmans. En réalité, la démarche du quotidien visait à répondre à la question suivante : doit-on mettre l'islam au-dessus des autres religions et réserver aux musulmans un traitement particulier ?

Je pense que la décision de publier ces caricatures a permis d'apporter un début de réponse : aucune religion ne doit être au-dessus de la liberté d'expression.

2

Colère à desseins

Le 30 septembre 2005, le *Jyllands-Posten* publie les douze caricatures qui allaient mettre la planète en ébullition. Dans le contexte du débat sur la liberté de la presse, le quotidien publie les dessins sous le titre « Le Visage de Mahomet ». Cette sortie médiatique se veut une réponse de douze caricaturistes à Kare Bluitgen qui se plaignait de l'autocensure qui existe chez les dessinateurs danois. Les caricatures sont accompagnées d'un article intitulé : « Menaces de la part des obscurantistes ». Il est signé par Carsten Juste, le rédacteur en chef du journal, qui explique la démarche du *Jyllands-Posten* et la position de celui-ci par rapport à la liberté de la presse.

Les islamistes ont d'abord essayé de jouer sur la question de l'interdiction de représenter les prophètes. Interdiction prônée par certaines écoles juridiques mais qui n'est naturellement valable que pour des musulmans. En effet, afin d'éviter l'idolâtrie, certains courants ont décidé qu'il était « strictement interdit de représenter le prophète Mahomet », alors que d'autres courants de l'islam sont restés totalement muets sur cette question. Cela étant dit, les défenseurs de l'interdiction savent que c'est une tradition qui est rejetée car elle ne trouve aucun argument coranique sur lequel elle pourrait reposer. Certains courants sunnites et les différentes écoles chiites ne tiennent d'ailleurs pas compte de cet « interdit ». C'est la raison pour laquelle on peut trouver aujourd'hui des représentations du Prophète dans certains pays musulmans. De nombreuses représentations de Mahomet figurent dans l'art islamique traditionnel. Des miniatures persanes, des tapis ou des tableaux représentent le Prophète dans différents épisodes de sa vie. Parfois des artistes musulmans ont réalisé un compromis qui consistait à masquer son visage. Dans les traditions occidentales, des représentations de Mahomet sous les traits d'un marchand ont été également faites depuis plusieurs siècles sans que cela ne suscite de réactions de la part des autorités religieuses musulmanes.

Plus que cela, il existe aujourd'hui plusieurs adaptations modernes du Coran réalisées en bande dessinée. Quelques-unes sont l'œuvre de musulmans éclairés tel l'universitaire tunisien Youssef Seddik. Ces adaptations ont été publiées sans qu'il n'y ait eu la moindre protestation, en tout cas aucune comparable à celle qui a suivi la publication des dessins danois. C'est dire que la réaction suscitée par les caricatures est en total décalage avec ce qui s'était fait jusque-là.

En tout état de cause, les islamistes danois ont compris très vite qu'ils ne pouvaient pas jouer sur ce tableau. En effet, quand bien même il serait interdit de représenter le prophète Mahomet, cela ne concernerait que des musulmans qui acceptent de se soumettre à ce « commandement ». Un non-croyant ou un non-musulman n'est pas tenu, selon la logique des choses, de respecter un précepte musulman. Par conséquent, nul ne pourrait interdire, à qui que ce soit, la représentation du prophète Mahomet ou d'une autre figure religieuse quelle qu'elle soit.

Cela étant, il serait intéressant d'analyser les douze caricatures qui ont donné l'impression que la planète se dirigeait vers une troisième guerre mondiale. De prime abord, il faut préciser que quatre d'entre elles ne représentent pas le prophète Mahomet. L'une montre un jeune élève se prénommant Mohamed écrire en persan sur le tableau d'une salle de classe que « les journalistes du *Jyllands-Posten* ne sont que des provocateurs et des réactionnaires ». Les trois autres représentent d'une manière symbolique les questions liées aux libertés en Islam.

Par ailleurs, si huit des caricatures figurent Mahomet sous les traits d'un homme barbu, la plupart sont totalement anodines. Selon certains goûts, insipides. L'une représente le Prophète en berger ; une autre montre un homme barbu, censé être le Prophète, accueillant des kamikazes aux portes du paradis en leur précisant qu'il n'y a plus de vierges, référence à ce qui revient toujours comme un souhait chez les aspirants terroristes. Je tiens à préciser à ce sujet que le dessinateur s'est certainement inspiré, dans ce cas précis, d'une blague très répandue dans le monde musulman, que les gens d'ailleurs se racontent sans aucun problème.

Une troisième caricature représente, à travers les symboles islamiques que sont l'étoile et le croissant, le visage d'un homme barbu censé être le prophète Mahomet. Un autre dessin montre un barbu, censé, là aussi, être Mahomet, calmer deux hommes à l'allure furieuse, épée à la main, en leur disant que les dessins « ont été réalisés par des mécréants danois qui ne sont même pas musulmans ». À travers cette caricature, on serait plutôt tenté de croire que le message véhiculé est celui d'un Prophète qui n'encourage pas la violence et qui comprend la dérision.

Le dessin le plus controversé a fait le tour de la planète. Il représente le Prophète sous les allures d'un homme hirsute au regard dur, avec une bombe dans son turban. La profession de foi qui stipule : « Il n'y a de Dieu que Dieu et Mahomet est son Prophète » est inscrite sur la bombe. C'est ce dessin qui allait susciter les critiques les plus vives.

Pourtant, à voir les événements avec recul et froideur, cette association paraît aujourd'hui malheureusement évidente. Pour le caricaturiste Kurt Westergaard, son dessin « n'illustre pas la religion musulmane dans son ensemble, mais la partie de l'islam qui apparemment peut pousser à la violence, au terrorisme, au meurtre et à la destruction ». Cette déclaration montre que le caricaturiste voulait faire passer un seul message. Il n'était pas destiné aux musulmans mais aux seuls fanatiques et autres tenants d'un islam fondamentaliste. Le dessinateur rappelle également que « si une religion tourne au fascisme religieux, nous nous trouvons face à des tendances totalitaires que nous avons connues en d'autres temps, comme le fascisme et le nazisme. C'est la même situation, où les gens sont obligés de baisser la tête et de faire ce que le régime leur commande de faire. »

Il est évident que cet état de fait auquel veulent nous soumettre les islamistes doit être vigoureusement combattu. On doit avoir le droit de faire de la satire, de critiquer, de débattre autour des religions, de discuter certaines de leurs recommandations et de résister aux extrémistes qui se réclament d'elles.

N'oublions pas tout de même que ce qui fait insulte au Prophète, ce n'est pas un simple coup de crayon mais le lien que font les terroristes islamistes entre leurs actions et les recommandations du Prophète. Et cela, les musulmans doivent le comprendre. Ceux qui font les amalgames sont d'abord les tueurs qui prétendent obéir à des commandements divins et à une tradition prophétique.

Cette caricature ne fait que représenter une amère réalité : celle où l'on voit derrière chaque acte terroriste des criminels justifier leurs actions par des versets coraniques ou des citations du Prophète ou de ses compagnons. C'est contre cela qu'il faut s'élever, et ce sont ces criminels qui tuent au nom de l'islam et au nom de son prophète qu'il faut impérativement dénoncer. C'est ce qu'affirme également Mehdi Mozaffari, un professeur de sciences politiques à l'université d'Aarhus. Il est d'origine iranienne et il connaît bien la nature de l'intégrisme musulman pour avoir fui le régime des mollahs. Pour lui, la caricature avec une bombe dans le turban illustre aussi quelques réalités. Le professeur rappelle qu'il ne faut pas oublier que « Mahomet était non seulement un prophète mais aussi un diplomate, un chef d'État et un guerrier ». Et si Mahomet était également un chef de guerre, plusieurs récits avérés montrent qu'il avait codifié celle-ci, condamné l'excès et l'extrémisme contrairement aux apprentis sorciers qui, aujourd'hui, en son nom, tuent sans distinguer le civil du militaire, la femme de l'homme, le vieillard de l'adolescent, déchiquetant le corps des uns, décapitant les autres avec une barbarie qu'aucune religion ne pourrait accepter.

Contrairement à ce que l'on pourrait croire dans certaines capitales occidentales, les caricatures n'étaient pas offensantes pour tous les musulmans. Elles ne pouvaient l'être que pour les intégristes. D'ailleurs, l'affaire a été récupérée par des islamistes et des gouvernements dictatoriaux qui ont su entraîner la masse. Au-delà des images de foules excitées brûlant les drapeaux, beaucoup de musulmans n'ont pas voulu réagir parce qu'ils connaissent la réalité. Une réalité rappelée avec courage par Jihad Momani, le rédacteur en chef de l'hebdomadaire jordanien *Shihane*. Il a décidé de publier trois des caricatures danoises en posant la question suivante : « Qu'est-ce qui porte plus préjudice à l'islam, ces caricatures ou bien les images d'un preneur d'otages qui égorge sa victime devant les caméras, ou encore d'un kamikaze qui se fait exploser au milieu d'un mariage à Amman ? » Le journaliste jordanien a été emprisonné quelques semaines avant d'être libéré.

Au lendemain de la publication des caricatures au Danemark, les islamistes sont dans tous leurs états. Ils exigent du journal et du Premier ministre des excuses officielles. Le gouvernement refuse, le quotidien aussi.

Le 12 octobre, le *Jyllands-Posten* reçoit les premières menaces de mort. Les responsables du journal les minimisent mais préviennent tout de même la police, qui installe une surveillance discrète aux alentours du siège du quotidien. De leur côté, Abou Laban et d'autres imams commencent à préparer la riposte. Ils organisent une manifestation le 14 octobre, deux semaines après la publication des caricatures. Entre 3 000 et 4 000 personnes scandant dans les rues de Copenhague « Dieu est grand et Mahomet est son prophète ». La mobilisation n'est pas aussi importante que ce qu'avaient espéré les imams.

Près de 200 000 musulmans vivent au Danemark et moins de 4 000 sont descendus dans les rues pour protester contre les caricatures, soit moins de 3 % de la communauté musulmane. C'est un cuisant échec pour les islamistes.

Il y a plusieurs explications à cette absence de mobilisation. D'abord, sur les 200 000 musulmans qui vivent au Danemark, très peu sont sensibles aux thèses islamistes. Moins de 10 % d'entre eux sont pratiquants et fréquentent les mosquées. Selon diverses estimations, il y aurait près de 1 500 personnes qui adhèrent aux thèses islamistes et, parmi elles, entre 250 et 300 qui sont de vrais activistes.

L'autre explication réside dans le fait que des musulmans démocrates ont voulu contre-attaquer les imams en se mobilisant pour montrer une autre image des musulmans. Ces derniers, emmenés par le député Naser Khader et l'ancien président de l'association des étudiants pakistanais, Hadi Khan, ont expliqué à l'opinion danoise, aux médias et aux autorités que les imams cherchaient la confrontation.

Les imams sont furieux et accusent Naser Khader et Hadi Khan de trahison, voire d'apostasie. Abou Laban et ses amis décident de maintenir la pression et d'essayer par tous les moyens de mobiliser les foules. Cela, au moment où un adolescent de dix-sept ans est interpellé à Aarhus par la police dans le cadre de l'instruction ouverte par les autorités judiciaires danoises sur les menaces de mort reçues par le *Jyllands-Posten*. L'adolescent est jugé « instable », mais la police prend très au sérieux les menaces qu'il a proférées. D'autant plus qu'un autre jeune du même âge est arrêté quelques jours plus tard pour les mêmes raisons. Le *Jyllands-Posten* rend publique l'arrestation des deux adolescents, mais décide ensuite de ne plus faire état des menaces et de rester beaucoup plus discret sur cette question.

Des responsables du journal sont reçus par les membres du Politiets Efterretningstjeneste (PET), les services de renseignements de la police, l'équivalent des Renseignements généraux français. Ces derniers conseillent au responsable du journal de ne plus parler des menaces et de leur transmettre désormais toute information qui s'y apparente. Le gouvernement a donné des instructions strictes. Les autorités ont peur d'assister à une affaire Van Gogh bis.

Le PET apprend que les caricaturistes courent un vrai danger. Il décide de les mettre sous protection discrète. Certains d'entre eux quittent leur domicile.

Quelques jours plus tard, le journal reçoit, par e-mail, d'autres menaces de mort. Cette fois, la police juge que ces dernières sont plus sérieuses que les précédentes. L'e-mail aurait été envoyé d'un pays étranger et l'adresse utilisée était, semble-t-il, connue des services européens de la lutte antiterroriste.

Malgré les risques encourus par le journal, les imams ne font aucune déclaration pour essayer de calmer les esprits. Bien au contraire. Ils décident de créer un mouvement composé de vingt-sept associations islamistes danoises qu'ils appellent : The European Committee for Honoring the Prophet[1]. Leur objectif : faire pression sur le gouvernement afin que celui-ci condamne les caricatures. Ce comité est présidé par Abou Laban, qui sera secondé par Raed Hlayhel. Ahmed Akkari, un jeune imam intégriste de vingt-huit ans, est nommé porte-parole. D'origine libanaise, il est arrivé au Danemark au début des années 1990. Il a été naturalisé danois quelques mois avant l'affaire des caricatures alors qu'il s'était déjà distingué par des prises de position extrémistes.

Si les islamistes danois sont apparus au grand jour, à un niveau international, à travers l'affaire des caricatures, ils étaient pourtant très actifs, depuis plusieurs années, sur la scène intérieure. Ils s'étaient fait connaître auparavant en multipliant les revendications islamistes. Ils exigeaient l'aménagement de plages horaires pour les femmes dans les piscines, la séparation des garçons et des filles dans les lycées, la mise en place d'un menu *hallal* dans les écoles. Des demandes qu'on retrouve aussi, depuis plusieurs années, dans la bouche de tous les islamistes vivant sur le territoire européen. Ces imams maintiennent également une réelle pression psychologique sur les

1. Littéralement : « le comité européen pour la défense du Prophète ».

filles musulmanes, les incitant notamment à porter le voile.

Ahmed Akkari avait choqué la société danoise en déclarant, par exemple, qu'il était permis de « frapper les filles musulmanes qui ne portent pas le foulard ». Dans le même sillage, cet intégriste et bien d'autres ont essayé, à maintes reprises, d'imposer une sorte d'autocensure à la presse. En vérité, Abou Laban, Akkari et Hlayhel, comme beaucoup d'autres ailleurs, s'emploient à propager un islam conquérant. Pour Ahmed Abou Laban, les jeunes de la deuxième génération « commencent à influencer le débat public ». Il était fier de me rappeler qu'au Danemark aussi les « filles voilées défendent la question du foulard à la télévision ».

L'un de ses collaborateurs me dira, en guise de confidence, que leur association réalise un « prosélytisme extraordinaire ». « Louanges à Dieu !, me lancera-t-il, si tu savais le nombre de nationalités européennes que nous avons converties. On fait plein de missions de prosélytisme, on a des jeunes spécialisés dans cela. » Croyant que je suis moi-même un islamiste, il me conseillera de convertir tous les Européens que je connais.

Toutes les occasions sont bonnes pour convaincre, sensibiliser, endoctriner. Les hommes d'Abou Laban n'en ratent pas une afin de « ramener vers le droit chemin les brebis égarées ».

Ainsi organisés et déterminés, les imams décident de passer à la vitesse supérieure. Dès la mi-octobre 2005, ils écrivent à l'ensemble des ambassadeurs de pays musulmans installés à Copenhague en leur demandant d'agir. En clair, Abou Laban et ses hommes veulent provoquer l'incident diplomatique.

Onze ambassadeurs de pays musulmans réagissent à la missive des imams et demandent, le 19 octobre 2005, audience au Premier ministre Anders Fogh Rasmussen pour protester officiellement, auprès de lui, contre la publication des caricatures. La réponse de Rasmussen tombe deux jours plus tard. C'est un véritable camouflet, il défend la liberté d'expression en rappelant que celle-ci est le « fondement même de la démocratie danoise ». Il refuse de recevoir les ambassadeurs, non sans leur rappeler qu'en démocratie, le pouvoir exécutif ne doit pas interférer avec le travail de la presse. Les onze diplomates sont touchés dans leur amour propre et leur orgueil en prend un sacré coup. Ils décident de riposter.

En réalité, en regardant les choses de plus près, on comprend mieux la réaction de ces diplomates. En effet, les ambassadeurs qui ont réagi et soutenu les imams ont une spécificité. Ils sont tous les représentants d'États ayant, pour certains, des problèmes avec l'islamisme et, pour d'autres, l'ambition d'assurer la promotion de cette idéologie. Faut-il rappeler que les premiers ambassadeurs à protester contre la publication des caricatures sont ceux de l'Arabie saoudite, de l'Iran, du Pakistan, de l'Algérie, du Maroc, de l'Autorité nationale palestinienne, de la Libye, de la Turquie, de l'Indonésie, de la Bosnie et de l'Egypte ?

Cette liste montre bien que les États qui ont protesté sont ceux dirigés par des monarques ou des gouvernements islamistes – comme l'Arabie saoudite, l'Iran ou la Turquie – ou ceux qui ont de réels problèmes politiques avec les mouvements islamistes. En réalité, tous ces pays ont voulu récupérer l'affaire des caricatures pour en faire un fonds de commerce politique et essayer, du coup, de se réconcilier avec leur population parfois sensible à la propagande islamiste. Il est évident que les diplomates de ces pays ont agi avec l'aval de leur gouvernement, mais ils n'ont pas hésité à prendre fait et cause pour les théories des islamistes danois, qui se sont démenés comme des diables pour les convaincre de les soutenir dans leur action contre le Danemark.

Pour Abou Laban, ces ambassadeurs « ont bougé de leur propre chef, parce que s'attaquer à la personnalité du Prophète, ce n'est pas du tout quelque chose de simple ». C'est ce qu'il me dira lorsque je l'interrogerai à ce propos. Mais l'imam de Copenhague ignorait certainement qu'au moment où il me tenait ce mensonge il allait lui-même me prouver, deux jours plus tard, le contraire de ce qu'il avançait en me remettant un dossier contenant, entre autres, la lettre adressée par le comité qu'il préside aux ambassadeurs des pays musulmans. D'ailleurs, ni ces ambassadeurs ni leurs services ne se sont visiblement rendu compte que la lettre comportait une série de contrevérités. Ou peut-être simplement que c'était là le dernier de leurs soucis.

Dans leur courrier, les imams affirment, par exemple, que les caricatures du *Jyllands-Posten* ont été publiées dans le sillage d'un « autre livre, qui bénéficie d'une promotion médiatique, contenant ces mêmes caricatures », faisant référence certainement au livre pour adolescents écrit par Kare Bluitgen. Cette affirmation est un mensonge grossier puisque le livre ne comporte aucune caricature, encore moins celles du *Jyllands-Posten*, mais des illustrations n'ayant aucun caractère insultant ni offensant. D'ailleurs, si c'était le cas, le monde entier en aurait entendu parler. Les islamistes danois n'ont plus reparlé de ce livre, concentrant leurs « efforts » sur le *Jyllands-Posten*.

Abou Laban a tenté d'attaquer le journal en justice au nom de Det Islamiske Trossamfund I Danmark, l'organisation dont il est le chef spirituel. Après avoir été débouté, il s'acharne davantage et jure, selon les dires de ses collaborateurs, de faire « plier le Danemark ».

Au cours de ce mois d'octobre 2005, la pression n'est pas retombée sur le *Jyllands-Posten*. Bien au contraire, elle s'accentue chaque jour. Pourtant, le 17 octobre, en plein mois de ramadan, un journal égyptien intitulé *Al-Fagr*, dirigé par un célèbre journaliste, Adel Hammouda, publie six des caricatures du *Jyllands-Posten*, y compris celle représentant

Mahomet avec une bombe dans le turban. Malgré le fait qu'il ait reproduit les caricatures, une première, à l'époque, dans le monde musulman, aucune réaction des autorités religieuses ni gouvernementales n'est signalée. C'est pour le moins bizarre !

En réalité, ce que veulent les islamistes, c'est exercer une pression sur les pays européens. Et cette pression s'est exercée sur le Danemark sous différentes formes. Un groupe islamiste portant le nom des Brigades glorieuses en Europe du Nord, menace d'attentats, sur Internet, le quotidien et l'État danois. Les journalistes du *Jyllands-Posten* commencent à vivre dans la psychose, ils craignent le pire. Sur le Net, des hackers envoient sur le site du *Jyllands-Posten* et sur d'autres sites danois des dizaines de milliers de messages. En une semaine, le site Internet du journal en reçoit plus de 100 000, ce qui ne manquera pas de créer des bugs.

Le 2 novembre, l'ambassadeur d'Égypte au Liban indique à la presse qu'il a « examiné avec le ministre libanais des Affaires étrangères les mesures qui pourraient être prises contre le Danemark ». Dans certains pays musulmans, on commence déjà à réfléchir à des mesures diplomatiques. Si c'est l'Égypte qui prend les choses en main, ce n'est pas un hasard. L'ambassadrice de ce pays à Copenhague, Mona Omar Attia, est très active et entretient un contact régulier avec les imams.

Mehdi Mozaffari, professeur de sciences politiques à l'université d'Aarhus, est un homme bien informé qui suit de très près l'actualité danoise et les relations qu'entretient ce pays avec le monde musulman. Pour lui, il n'y a aucun doute : c'est l'ambassadrice d'Égypte qui a pris « l'initiative et la tête du mouvement anticaricatures au Danemark ». Pour cet universitaire, elle aurait même donné des « informations incorrectes aux autorités de son propre pays ».

Selon le *Politiken*, un journal qui était pourtant opposé, par « bien-pensance », à la publication des caricatures, l'ambassadrice d'Égypte aurait envoyé aux autorités de son pays un dossier constitué par Abou Laban et ses amis. De leur côté, les membres des services de renseignements danois estiment que ce serait le ministère égyptien des Affaires étrangères qui aurait copié le dossier remis par les imams pour le transmettre ensuite aux autres pays musulmans. Information que j'ai pu recouper au cours de mon enquête. Drôle de procédé pour les diplomates d'un pays confronté à la menace islamiste. En clair, ils ont récupéré un dossier à charge monté par des intégristes et ils en ont fait un document de travail.

Plusieurs quotidiens danois ont parlé du rôle central de l'Égypte dans cette affaire. Et dans une interview accordée au *Politiken*, le chef de la diplomatie égyptienne n'a pas nié ce rôle, bien au contraire, il l'a pleinement assumé.

La thèse de l'implication de l'Égypte dans cette affaire est confirmée également par un proche d'Abou Laban. En effet, les contacts entre l'ambassade d'Égypte à Copenhague et les islamistes danois ont été entretenus par un islamiste proche de l'ambassadrice Mona Omar Attia. Cet islamiste s'appelle Ahmed Harbi. C'est un Norvégien d'origine égyptienne. Lorsque je l'ai rencontré à Copenhague, au siège de l'association d'Abou Laban, il m'a confirmé le rôle de l'ambassadrice d'Égypte en me précisant que cette dernière avait agi « selon sa conscience », ajoutant, comme pour me donner plus d'éléments : « Elle nous a prouvé qu'elle était une personne formidable. Elle a bougé avec nous, elle s'est impliquée avec nous et elle nous a aidés de la meilleure manière qui soit. Que Dieu la récompense pour tout ce qu'elle a fait. » On ne peut plus clair.

Dans ce silencieux vacarme islamo-diplomatique qui, à l'époque, n'est pas encore entendu par l'opinion publique internationale, un autre journal danois, le *Weekendavisen*, décide, lui aussi, de publier, le 4 novembre 2005, des images « satiriques » évoquant le prophète Mahomet. Elles sont de très mauvais goût, mais, curieusement, les imams danois ne réagissent pas de la même manière.

Pourtant, ces dessins pourraient être jugés beaucoup plus « offensants » pour les musulmans que ne le sont les caricatures du *Jyllands-Posten*. Cette fois, ce sont des photomontages ou des photos abstraites accompagnés de légendes. L'une de ces photos montre une femme à barbe en décolleté avec la légende : « Pouvez-vous prouver que le Prophète n'est pas une femme ? »

Les auteurs des images publiées par le *Weekendavisen* sont restés anonymes. Le responsable de la page culturelle a voulu néanmoins préciser que c'était « juste de la satire », appelant les intégristes à avoir un peu plus d'humour. Le journaliste a reconnu néanmoins que les images sont irrespectueuses en précisant que c'est « dans la nature de la satire d'être irrespectueuse ».

Malgré cette seconde publication pour le moins provocatrice, la pression continue de viser exclusivement le *Jyllands-Posten*, qui doit désormais faire face à une campagne de désinformation et de calomnies sans précédent. Mais pas seulement au Danemark, puisque les menaces continuent de fuser également des quatre coins du monde. Le 15 novembre, un journal pakistanais à fort tirage, citant un responsable de la branche de la jeunesse du parti islamiste Jamaat-i-Islami, affirme que ce dernier aurait proposé une récompense de 500 000 roupies pakistanaises, plus de 7 000 euros, à quiconque tuerait un des auteurs des caricatures.

À Copenhague, la polémique ne cesse d'enfler, et dans les milieux diplomatiques certains ambassadeurs commencent à s'activer pour faire payer à Anders Fogh Rasmussen son refus de céder sur les questions de la liberté de la presse. L'affaire des caricatures révèle une autre caricature, celle des États censés combattre l'islamisme ou ayant été victimes de celui-ci, qui se retrouvent, un temps, sur la même longueur d'onde que ceux qu'ils prétendent honnir. C'est le cas de l'Égypte, mais aussi celui du Maroc et de l'Algérie. Trois pays qui connaissent parfaitement la nature hideuse de l'islamisme, une idéologie nourricière des attentats qui les ont visés et qui risquent certainement de les viser à nouveau. Comment peuvent-ils encore oser faire le jeu de l'hydre intégriste ? Prétendument indignés par la publication des dessins, des responsables de pays musulmans qui, d'ordinaire, pour certains, ne respectent aucun précepte islamique s'autoproclament « défenseur du Prophète » aux côtés de ceux qui ne cessent de ternir son image. Drôle d'époque !

Les islamistes jubilent de ce soutien inespéré et sautent sur l'occasion pour commencer à appeler au boycott des produits danois. Lors des prêches du vendredi, les idéologues de l'obscurantisme utilisent ce contexte pour évoquer, en des termes peu élogieux, ce paisible pays scandinave et, à travers lui, le « monde de la mécréance », en l'occurrence l'Occident.

La colère de la rue commence à se faire ressentir. On lui a fait comprendre que les Européens « osent aujourd'hui se moquer du Prophète ». Une rue que d'aucuns continuent de manipuler puisqu'on lui fait croire qu'humoristes et dessinateurs occidentaux « se permettent avec l'islam ce qu'ils ne s'autoriseraient jamais avec le judaïsme ». Vulgaire manipulation s'il en est pour exacerber un sentiment de persécution déjà bien ancré dans l'esprit de beaucoup de musulmans.

Cette idée est naturellement totalement infondée. Rappelons par exemple que Theo Van Gogh avait tenu des propos carrément antisémites avant de critiquer l'islam et que, par ailleurs, Kurt Westergaard, l'auteur de la caricature de la bombe dans le turban, avait dessiné, quelques mois plus tôt, une bombe sur laquelle était apposée l'étoile de David.

Mais, plus globalement, disons les choses clairement : il serait idiot de confondre un dessin tournant en dérision une religion et un dessin niant par exemple l'holocauste. On ne peut pas raisonnablement, et cela, tout musulman sensé doit le comprendre, mettre sur un pied d'égalité la satire visant une religion et la contestation ou la négation d'un crime contre l'humanité. Le sentiment du « deux poids, deux mesures » que les islamistes veulent semer dans le subconscient de l'opinion musulmane est fondé sur une approche purement antisémite et fascisante. Les islamistes, s'ils refusent toute critique en direction du prophète Mahomet, refusent également toute caricature visant d'autres prophètes. Raison pour laquelle ils appellent à faire « tourner en dérision » un fait historique avéré, l'Holocauste en l'occurrence, afin de mieux nier son existence. Cela leur permet de viser ceux qu'ils ont désignés comme leurs ennemis sans pour autant viser Moïse, par exemple, qui est un prophète reconnu et fort respecté dans la religion musulmane. Beaucoup de caricaturistes dans les pays arabes réalisent des dessins à la nature plus que douteuse, visant l'Occident et Israël, leurs valeurs ou leur histoire. Cette réalité n'a jamais fait naître la pression que tous les hypocrites ont voulu exercer sur le Danemark.

Durant ce mois de novembre, des pétitions commencent à circuler. Sur le Net, les appels au boycott des marchandises danoises se multiplient. Certains dressent des listes de produits scandinaves en vente dans le monde musulman. Les représentations diplomatiques danoises accréditées dans des pays musulmans commencent à tirer la sonnette d'alarme. Ils multiplient notes et rapports à l'attention de Copenhague. Quelque chose se prépare et ils le savent.

Dans la capitale danoise, Ahmed Abou Laban et ses amis continuent de s'agiter. Ils intensifient les contacts et préparent leur dossier à charge qu'ils envoient aux médias arabes et aux ambassadeurs de pays musulmans installés au Danemark. Mona Omar Attia, l'ambassadrice d'Égypte, contacte Amr Moussa, le secrétaire général de la Ligue arabe. Elle le connaît bien puisqu'il a été le ministre égyptien des Affaires étrangères entre 1991 et 2001. Amr Moussa est un personnage clé dans la diplomatie arabe. Il est dans le circuit depuis les années 1970 ; il a été en poste à l'ONU, ambassadeur en Inde et il a croisé tous les dirigeants de ce monde durant sa longue carrière. Son implication dans l'affaire des caricatures est déterminante. De plus, cette affaire lui permet d'avoir une excellente tribune médiatique. Et quand on sait qu'on murmure dans les couloirs des chancelleries occidentales qu'il ambitionne de succéder au président égyptien Hosni Moubarak, on se dit qu'une affaire comme celle-ci pourrait lui permettre de gagner une extraordinaire popularité sur les bords du Nil. Il n'hésitera donc pas à faciliter les choses aux imams danois.

Ces derniers veulent alors organiser une tournée dans des capitales arabes. Voilà qu'ils se transforment miraculeusement en « diplomates » devant la complaisance des autorités politiques de plusieurs pays musulmans !

Ahmed Akkari, le jeune porte-parole du comité, expliquera qu'après le refus du Premier ministre de recevoir les ambassadeurs, les imams ont évolué « vers un autre niveau et de passer à la vitesse supérieure ».

« Nous avons décidé, me dira-t-il, que pour être entendus par le gouvernement danois et les responsables du *Jyllands-Posten*, il fallait une pression extérieure. » Ce qu'il ne dit pas, c'est que la décision d'aller effectuer une tournée dans certaines capitales arabes a été prise de concert avec l'ambassadrice d'Égypte à Copenhague, c'est-à-dire qu'il y a bien eu récupération de l'affaire par les autorités égyptiennes.

Pour internationaliser l'affaire, Abou Laban et les membres du « comité européen pour la défense du

Prophète » préparent un dossier de quarante-deux pages. Il contient les douze caricatures du *Jyllands-Posten*, les dix images publiées par le *Weekendavisen*, diverses correspondances et autres communiqués, mais aussi un dessin et deux photos d'un tout autre registre, dont personne ne connaît la provenance.

La première photo représente un homme déguisé en cochon. Sur celle-ci, il est écrit : « Ceci est la véritable image de Mahomet ». En réalité, il s'agit d'une photo d'un Français habitant à Tulle, en Corrèze, mécanicien de son état... L'homme est barbu et s'appelle Jacques Marrot. Sur la photo, on le voit affublé d'un groin factice et de fausses oreilles de porc. Cette photo a été prise lors du dernier championnat de France du cri du cochon, qui se tient chaque année en août à Trie-sur-Baïse, dans les Hautes-Pyrénées. Lors de ce concours, les participants tentent d'imiter de la manière la plus précise possible le cri du porc. Pour la petite histoire, si Jacques Marrot n'a eu que la troisième place lors de ce championnat, son visage est désormais connu par une bonne partie de la planète. Comment cette photo a-t-elle atterri dans le « très sérieux dossier » des imams danois ? On ne le saura sans doute jamais.

On ne saura pas non plus comment ont atterri les deux autres pièces ajoutées. Vraiment insultantes, l'une représentait un homme barbu avec des cornes de diable tenant deux poupées à la main. Sur le dessin est écrit : « Le prophète Mahomet est un pédophile. » La dernière image, un photomontage, montre un musulman prosterné, en train de prier tout en se faisant sodomiser par un chien. Elle est accompagnée d'une légende qui précise : « C'est pour cela que les musulmans prient. »

L'ajout de ces trois mystérieux documents pose la question de la manipulation. Selon plusieurs témoignages, ce sont ces images qui ont le plus choqué les autorités musulmanes du Caire et de Beyrouth lors de la tournée des imams danois.

Ahmed Azad, un Palestinien d'une trentaine d'années naturalisé danois, pense qu'elles auraient été envoyées par des expéditeurs anonymes. Mais Azad a sa petite idée sur cet ajout. Cet homme, que j'ai rencontré à Aarhus, est à la tête d'une association communautaire et il connaît bien les imams. Pour lui, « ces photos ont été utilisées au Moyen-Orient pour exciter les populations contre le Danemark ». Exciter les populations, déchaîner les foules, mettre le Danemark sous pression, voilà le but non avoué des islamistes et de certains diplomates.

Pour Abou Laban, les documents ajoutés, ceux qui ont posé problème, sont des « lettres de menace écrites à la main ». Il est clair que les textes et les images sont faits pour offenser, mais je n'ai constaté aucune menace écrite sur ces documents. Interrogé par des journalistes, Ahmed Akkari, le porte-parole du comité, affirmera simplement que ces images « ont été reçues par e-mail ». Pour lui, c'était là un exemple qui montrait « l'hostilité de la société danoise envers l'islam ». Il est sidérant d'entendre ce genre de contrevérités. En effet, comment les islamistes peuvent-ils oser parler d'une prétendue hostilité de la société danoise alors qu'ils perçoivent pratiquement tous une allocation mensuelle qui leur permet de vivre décemment sans avoir à exercer une quelconque activité professionnelle ? Comment peuvent-ils lancer de telles inepties alors qu'ils sont presque tous logés aux frais de la princesse ? Comment peuvent-ils être si malveillants alors que leurs seuls efforts au sein de la société danoise sont ceux qui sont destinés à promouvoir l'idéologie islamiste ? Voilà une réalité, non pas danoise mais européenne, que peu d'hommes politiques osent aborder, préférant la laisser entre les mains d'autres fascistes, ceux de l'extrême droite. Je ne veux pas que le destin des musulmans européens, qui, pour la plupart, n'aspirent qu'à vivre sereinement, soit laissé entre les mains d'apprentis sorciers, d'indignes assistés et d'affairistes véreux utilisant finalement la religion pour leurs intérêts malsains.

Mais les mensonges des islamistes ne s'arrêtent pas là. Dans leur dossier, ils ne concentrent pas leur propos sur les caricatures, comme on pourrait le penser, mais davantage sur le Danemark. Plusieurs points montrent que les imams voulaient régler leurs propres comptes et qu'ils étaient dans une démarche politique. Quitte à laisser de côté les dessins les plus choquants, ceux du *Weekendavisen*, Abou Laban et ses amis ont préféré diriger leurs attaques contre le *Jyllands-Posten*, d'une part, et contre le gouvernement danois, d'autre part, et ce, en usant de mensonges et de calomnies.

En effet, quand on lit attentivement le dossier intitulé « Pour la défense du prophète Mahomet », on se rend compte que l'affaire des caricatures est presque secondaire. Le préambule du dossier débute ainsi : « Les musulmans pratiquants souffrent en raison de plusieurs situations. À leur tête : la non-reconnaissance officielle de la religion musulmane... » Cette affirmation est totalement fausse !

Et pour preuve, il existe au Danemark vingt-sept associations musulmanes reconnues officiellement par les autorités, dont celle dirigée par Abou Laban. Il y a aussi plus de cent soixante mosquées réparties sur le territoire.

En réalité, dans ce dossier à charge, où se multiplient contrevérités et contradictions, Abou Laban et ses amis ont essayé insidieusement de présenter le Danemark comme un pays « islamophobe » et raciste. Accusations qui m'ont été répétées à plusieurs reprises par Abou Laban. En effet, quand je lui ai demandé quel était son rôle exact dans l'affaire des caricatures, cet islamiste sexagénaire m'a répondu simplement : « Mon rôle est celui de chaque musulman qui se sent inquiet et agressé face à quelques voix racistes et injustes en Europe. La majorité d'entre elles est athée et ne croit pas en Dieu. » C'est ce genre d'affirmations qui a incité le monde musulman à bouger.

Au début du mois de décembre, l'affaire prend une autre tournure. Abou Laban envoie au Caire une première délégation munie du fameux dossier : Ahmed Akkari, le porte-parole du comité, Ahmed Harbi, islamiste égyptien de nationalité norvégienne, Raed Hlayhel, le président de la délégation, et Abou Bashir, un islamiste syrien formé au Liban et réfugié politique au Danemark.

Au Caire, la délégation a un programme chargé. Ses membres rencontrent le grand cheikh de la mosquée al-Azhar, Mohamed Sayed Tantaoui, celui-là même qui était venu au secours de Nicolas Sarkozy dans l'affaire du voile. Ils sont reçus également par Ali Gomaa, le mufti de la République égyptienne, véritable autorité religieuse et politique dans son pays, mais aussi par le ministre des Affaires étrangères, Ahmed Abou al-Gheit, et par le secrétaire général de la Ligue arabe, Amr Moussa. Dans la foulée, les islamistes danois vont rencontrer également des journalistes égyptiens et arabes. Ils organisent une conférence de presse et ils en profitent pour enfoncer le clou. Ils prétendent que des intellectuels danois seraient prêts à « publier une version tronquée du Coran ». Les journalistes présents à cette conférence sont révoltés et, sans prendre la peine de vérifier l'information, ils en rendent compte dès le lendemain dans les colonnes de leurs journaux. La rue égyptienne est dans tous ses états. À l'université du Caire, les étudiants sont déchaînés.

À la suite des contacts pris par les islamistes danois au Caire, le gouvernement égyptien, à travers son chef de la diplomatie, se concerte avec le secrétaire général de la Ligue arabe. Ils décident, ensemble, de convoquer l'ambassadeur danois au Caire. Les responsables danois commencent à s'inquiéter sérieusement, d'autant plus qu'aucun pays n'appelle au calme, ni ne vient dénoncer les menaces de mort répétées, à maintes reprises, contre les caricaturistes.

Anders Fogh Rasmussen semble être lâché par ses homologues occidentaux. Même les autorités des pays européens restent bien discrètes et n'affichent publiquement aucune solidarité avec le Danemark. Le ministère danois des Affaires étrangères met en garde ses ressortissants vivant dans les pays musulmans. Et il a raison de le faire puisque, le 7 et le 8 décembre, la question des caricatures sera inscrite à l'ordre du jour du sommet de l'Organisation de la conférence islamique à La Mecque. La ligue islamique mondiale et son secrétaire général, Abdallah Turki, s'emparent de l'affaire.

Lors de cette réunion, le ministre égyptien des Affaires étrangères a dans sa mallette le fameux dossier remis par les imams danois. Cinquante-sept chefs d'État sont présents à cette rencontre. Elle revêt une importance non-négligeable parce qu'il y est question de consacrer les travaux à l'épineux problème de l'extrémisme religieux. Depuis le 11-Septembre, les autorités saoudiennes veulent montrer au monde qu'elles combattent, elles aussi, le terrorisme islamiste, alors qu'en réalité elles ont fait la promotion de l'idéologie fasciste qui le nourrit, le wahhabisme [1], pendant une cinquantaine d'années.

En coulisses, chefs d'État et diplomates ne parlent pas d'intégrisme en ce début du mois de décembre. Ce sont les « caricatures danoises » qui sont au centre de toutes les discussions. C'est cette réunion qui va être le tournant puisque les différents responsables des pays musulmans veulent agir. Eux qui, habituellement, ne réussissent jamais à se mettre d'accord lors de ce genre de réunion décident de donner à cette affaire des allures de crise mondiale.

C'est une grande victoire pour les imams danois, qui s'empressent d'en remettre une louche en organisant une deuxième tournée dans le monde arabe.

Cette fois, direction le Liban. Toujours munis de leur fameux dossier, les imams partent à la rencontre du grand mufti de Beyrouth, Mohamed Rashid Kabbani, du patriarche de l'Église maronite, Nasrallah Sfeir, mais aussi du guide spirituel des chiites libanais, l'ayatollah Mohamed Hussein Fadlallah, chef spirituel du Hezbollah. Ce dernier avait écrit une lettre ouverte à Jacques Chirac, lors de l'affaire du voile, dans laquelle il menaçait clairement les intérêts français. À l'époque, il rappelait dans sa lettre : « L'État français est présent dans tout le monde

1. Doctrine extrémiste fondée au XVIIIe siècle par Muhammad ibn Abd al-Wahhab. La monarchie saoudienne repose depuis sa création sur cette même doctrine.

musulman. Cette loi, au cas où elle paraîtrait, créera de nombreuses complications pour la France dans les pays musulmans, et ces complications profiteront à un autre État. »

Les autorités religieuses libanaises se disent extrêmement « choquées » par le contenu du dossier et apportent un soutien sans faille aux islamistes danois. Ahmad Akkari profite de sa présence au Liban pour faire un voyage éclair à Damas afin de remettre une copie du dossier à Ahmed Badreddine Hassoun, le grand mufti de la République syrienne. À Damas, ce dossier est reçu comme un cadeau au moment où la communauté internationale songe à des sanctions contre le régime syrien pour son implication quasi certaine dans l'assassinat de l'ancien Premier ministre libanais Rafic Hariri.

Mais ce sont toujours les Égyptiens qui mènent le bal. À la mi-décembre, Fawzi Salloukh, le ministre libanais des Affaires étrangères, reçoit une lettre officielle de son homologue égyptien. Selon des informations recueillies au cours de cette enquête auprès des imams danois, c'est le ministre égyptien des Affaires étrangères qui fait parvenir à son collègue libanais une copie du fameux dossier.

C'est donc après cette tournée que l'affaire des caricatures prend une ampleur internationale. Le Danemark et son gouvernement se rendent compte qu'ils sont pris dans un étau. D'un côté, la pression de certains dirigeants de pays musulmans et, de l'autre, les assauts répétés des islamistes. Tout le monde veut entendre le Premier ministre s'excuser. Mais les imams veulent désormais plus que cela. En privé ils jurent même qu'ils obtiendront sa démission. Réunis le 29 décembre au Caire, au siège de la Ligue arabe, les ministres des Affaires étrangères du Maghreb au Moyen-Orient pointent du doigt les caricatures publiées par le *Jyllands-Posten*. Dans un communiqué, les chefs de la diplomatie arabe condamnent « cette atteinte qui va à l'encontre de la sainteté des religions ». Ils tiennent à exprimer « leur surprise et leur indignation face à la réaction du gouvernement danois qui n'était pas à la hauteur malgré les rapports politiques, économiques et culturels qui le lient au monde musulman ». Le message est clair : les rapports politiques, économiques et culturels qui existent entre les pays musulmans et le Danemark risquent de changer. La diplomatie danoise se trouve au plus mal.

Pendant ce temps, les journalistes du *Jyllands-Posten* continuent de recevoir des menaces de mort. Une société de vigiles est engagée pour surveiller le siège du journal à Aarhus et la police est sur ses gardes. Le 31 décembre, alors que les membres de la rédaction s'apprêtaient à aller fêter le réveillon de la Saint-Sylvestre, le journal reçoit un appel anonyme. Une bombe serait prête à exploser. Au siège du quotidien, c'est la panique. La police évacue les lieux, mais finalement l'alerte va se révéler fausse.

Le 5 janvier 2006, Anders Fogh Rasmussen, le Premier ministre danois, présente à ses compatriotes ses vœux pour la nouvelle année. Au cours de ce discours, traduit en arabe, il décide d'évoquer l'affaire des caricatures. Il explique que la liberté d'expression est « non-négociable », rappelant qu'il s'agit là d'« un droit fondamental ». Et, pour essayer de clarifier les choses, il condamne « toute forme d'expression, d'actions ou de signes qui tenteraient de diaboliser un groupe de personnes sur la base de leur religion ou de leur origine ethnique ».

Mais pour les islamistes ce discours n'est pas suffisant. Ils estiment que le gouvernement et les responsables du journal doivent faire un mea-culpa et présenter des excuses. Pour eux, l'action doit donc continuer...

Les journalistes du *Jyllands-Posten* et les caricaturistes refusent de s'excuser. Ils estiment, à juste titre, n'avoir fait que leur travail, celui d'exercer le droit à la satire et à la caricature dans un pays où il existe une liberté de la presse. Tous sont sidérés par l'ampleur que prend cette affaire. Ils n'arrivent pas à comprendre, et c'est là une question centrale, pour quelles raisons un journal non-musulman devrait se conformer aux interdits de cette religion ? Pourquoi un athée devrait-il respecter les religions alors qu'aucune religion ne respecte les athées ? Je crois que c'est là une simple question de bon sens à laquelle beaucoup devraient essayer de répondre. En tant que musulman, j'exige certes du respect, mais j'estime que je dois le même respect à ceux qui ne croient pas ou à ceux qui croient en une autre religion.

Tout de même, soyons sérieux. Je m'adresse ici davantage à ces dirigeants musulmans qui prétendent combattre l'islamisme. Comment peut-on raisonnablement demander à un caricaturiste de s'excuser d'avoir publié un dessin qu'aucune loi d'un pays démocratique ne juge offensant, tant ce même dessin stigmatise une doctrine extrémiste inspirée d'une religion, et non pas la religion ? D'ailleurs, quand bien même ce serait une religion qui serait caricaturée, au nom de quel principe progressiste, au nom de quelle valeur universelle n'a-t-on plus le droit de critiquer, de caricaturer ou de faire de la satire autour des religions ? « Au nom du respect ! », s'exclameraient certains. Alors de quel respect parle-t-on ? Le premier que je connaisse est celui de la vie humaine, que les textes divins ont rendu sacrée et au nom desquels certains aujourd'hui tuent, égorgent et torturent.

Où était la rue musulmane durant les attentats de Londres, Madrid, Paris, Charm el-Cheikh, New York, Alger, Bombay et j'en passe ? Pourquoi personne n'a brûlé l'étendard de l'islamisme pour dire aux tueurs intégristes : « Non ! Pas en notre nom ! Pas au nom de notre religion ! Pas au nom de notre Prophète ! »

Si excuses il doit y avoir, ce n'est certainement pas le Danemark qui doit les exprimer. C'est l'Arabie saoudite, pour avoir formé idéologiquement pendant des décennies des terroristes. C'est l'Afghanistan, pour avoir abrité des criminels. Ce sont ces gouvernements arabes qui ont fait preuve de laxisme devant cette idéologie fasciste, mais ce sont aussi ces grandes puissances qui, pendant longtemps, se sont alliées avec le diable ! Si excuses il doit y avoir, elles ne seraient certainement pas destinées à des intégristes, mais aux victimes de l'intégrisme.

Demander à un journal comme le *Jyllands-Posten* (ou un autre) de s'excuser, c'est demander à beaucoup de journalistes, d'écrivains et d'intellectuels de nier la lutte de ceux qui se sont battus pour la liberté d'expression, contre les intégrismes et les fascismes. Présenter des excuses aux tenants de l'obscurantisme, c'est aussi nier et insulter le combat mené par des musulmans démocrates.

Pour toutes ces raisons, je crois que le *Jyllands-Posten*, et encore moins le gouvernement danois, ne devait pas présenter d'excuses à qui que ce soit.

Cela étant dit, durant cet automne 2005, dans le monde musulman, les rumeurs les plus folles se mettent à circuler. On dit que les journaux danois auraient représenté le Prophète sous les traits d'un cochon ; d'autres, sur les forums islamistes, parlent d'un « Prophète dans des postures obscènes ». On crie au sacrilège ! Des internautes écrivent : « À mort les Danois ! »

La tournée effectuée par la délégation des imams avec leur dossier à charge a laissé des traces dans le monde arabe. La désinformation a bien fonctionné. *Al-Ahram*, le très sérieux journal cairote, un des plus grands quotidiens en Égypte, citant des membres de la délégation des imams, affirme que le *Jyllands-Posten* appartient au gouvernement danois. De même, le parti libéral de Fogh Rasmussen est présenté comme un parti d'extrême droite.

Pour la rue arabe, les choses sont claires : « Le Danemark est gouverné par un parti raciste qui a demandé à son journal d'offenser l'islam. »

L'idée du boycott commence à s'imposer. Les responsables de l'Organisation islamique pour l'éducation, les sciences et la culture (ISESCO), réunissant cinquante et un États musulmans, sont les premiers à évoquer l'idée du boycott qui doit viser les produits danois. Eux aussi veulent des excuses officielles du gouvernement.

Cette position a une explication. Le président de l'ISESCO, Abdulaziz Othman Altwaijri, a reçu quatre jours auparavant un autre imam danois, une sorte de concurrent d'Abou Laban et de ses amis. Cet homme s'appelle Mohamed Fouad al-Barazi, il est président de la Ligue islamique du Danemark et membre du Conseil européen de la fatwa, instance dans laquelle on retrouve quelques intégristes connus comme Youssef al-Qaradawi, Fayçal Mawlawi et bien d'autres.

Al-Barazi évoque avec son interlocuteur « la nécessité de prévoir des textes législatifs qui incriminent les atteintes aux croyances et aux symboles sacrés »[1]. En clair, il revendique des lois antiblasphèmes.

Les diplomates danois tentent de calmer le jeu. Quelques heures après le discours télévisé de Fogh Rasmussen le 5 janvier, le ministre des Affaires étrangères, Per Stig Møller, prend son téléphone et appelle Amr Moussa au Caire. Les deux diplomates, qui se connaissent bien, arrivent à conclure un accord.

L'ambassadrice d'Égypte au Danemark, Mona Omar Attia, change son fusil d'épaule et, sur instruction de son gouvernement, fait des déclarations de bonnes intentions. Elle commente le discours de Fogh Rasmussen et estime que c'est un « premier pas vers une solution de la crise diplomatique internationale ». Elle ajoute : « Si le gouvernement [danois] continue sur cette même voie, nous pourrons mettre fin au différend. » Elle précise qu'elle informerait également les musulmans résidant au Danemark de la clôture de l'affaire des caricatures. Décryptage : si le gouvernement danois et le *Jyllands-Posten* présentent leurs excuses et adoptent un profil bas, on dira à Abou Laban et à ses amis de tout cesser. À Copenhague, on respire. Amr Moussa a donné sa parole pour faire le nécessaire et les Égyptiens semblent

1. Communiqué de l'ISESCO du 3 janvier 2006.

vouloir revenir à de meilleurs sentiments. Mais coup de théâtre ! Le 10 janvier 2006, l'affaire est relancée. En effet, contre toute attente, *Magazinet*, un journal norvégien de petit tirage, obtient une autorisation du *Jyllands-Posten* et publie les caricatures de Mahomet.

La polémique repart. Désormais, ce n'est plus le Danemark seul qui est pointé du doigt mais l'ensemble des pays scandinaves. Une opportunité pour les imams danois comme pour tous les islamistes. La machine redémarre...

Deux jours après cette nouvelle publication, le rédacteur en chef de *Magazinet*, Vebjoern Selbekk, reçoit des menaces de mort. Selon la presse, l'expéditeur d'une de ces menaces, envoyées par e-mail, est en France.

Le 18 janvier, l'Organisation de la conférence islamique « dénonce la publication de caricatures insultantes et blasphématoires du prophète Mahomet ». Dès le lendemain, les communiqués fusent de toute part : l'Union internationale des oulémas musulmans demande « plus de fermeté » aux dirigeants scandinaves en direction de leurs journaux et menace leurs pays de boycott, le parlement jordanien appelle au « châtiment des auteurs des caricatures », des ambassadeurs protestent, des islamistes menacent et, ici et là, on essaye d'organiser des « manifestations spontanées ». Les journaux européens commencent à consacrer leur une à l'« affaire des caricatures ».

Les Saoudiens songent à lancer une campagne de boycott contre les produits scandinaves. La Norvège, jusque-là épargnée par la polémique, se retrouve visée malgré elle. Le gouvernement d'Oslo demande à tous ses diplomates présents dans les pays musulmans « d'exprimer les regrets des autorités ». Mais il est trop tard. Une célèbre chaîne de supermarchés aux Émirats arabes unis, la Consumers Cooperative Union, annonce officiellement, dès le 30 janvier, le lancement d'une campagne de boycott des produits danois. De son côté, le chef spirituel des Frères musulmans, le grand *mourchid*, appelle les « musulmans du monde » à ne plus acheter les produits norvégiens et danois. De son côté, Arla Foods, un groupe laitier suédo-danois, deuxième exportateur européen du secteur, ferme provisoirement son site de production en Arabie saoudite. Le groupe annonce le licenciement économique de cent vingt-cinq personnes. Plus d'une centaine de Saoudiens se retrouvent au chômage. Quel paradoxe !

Mais le groupe laitier va plus loin. Pour réduire ses pertes, il va mettre en place une hallucinante campagne de communication au cours de laquelle il n'hésitera ni à critiquer la politique du Premier ministre, Anders Fogh Rasmussen, ni à s'adresser aux médias arabes pour condamner les caricatures. Attitude plus qu'indigne qui va fortement déplaire au gouvernement danois, poussant le porte-parole du parti libéral au pouvoir à affirmer que le groupe laitier « a plié les genoux de manière pitoyable devant les musulmans », ajoutant : « Mes principes de liberté ne sont pas à vendre pour deux litres de lait. »

Le groupe, qui avait également annoncé la fermeture temporaire de sa laiterie de Riyad et le gel d'un projet de laiterie qui devait être inauguré une semaine plus tard en Arabie saoudite, constatait, impuissant, l'effondrement de ses ventes, qui jusque-là atteignaient, au Moyen-Orient, 1,5 million de dollars par jour.

L'Arabie saoudite, justement, ne veut plus laisser la question entre les mains exclusives des Égyptiens et ne tient surtout pas à donner aux idéologues de l'islamisme, si puissants dans ce pays, l'impression de mener une politique complaisante à l'égard de l'Occident. Riyad appelle au boycott, et en un jour la plupart des produits danois sont retirés des étalages des supermarchés.

Le 26 janvier, l'affaire vire carrément à la crise diplomatique. Le royaume saoudien rappelle son ambassadeur au Danemark. L'émirat du Koweït lui enboîte le pas, dénonce le racisme scandinave et convoque l'ambassadeur du Danemark accrédité à Koweït City. À Téhéran, le régime des mollahs fait de même. Les ministres de l'Intérieur des pays arabes, réunis à Tunis, demandent aux gouvernements scandinaves de « sanctionner fermement les auteurs de caricatures », la Syrie appelle Copenhague et Oslo à « punir les fautifs ». Le gouvernement yéménite « exige des excuses », les Émirats arabes unis dénoncent un « extrémisme culturel ». Le ministre irakien des Affaires étrangères convoque l'ambassadeur du Danemark et lui fait part de « la condamnation » de son gouvernement en exigeant « des excuses officielles ». C'est la surenchère. La Libye va plus loin et décide de fermer sa représentation diplomatique à Copenhague. La Ligue arabe et l'Organisation de la conférence islamique annoncent qu'elles s'apprêtent à demander à l'ONU l'adoption d'une résolution interdisant les atteintes aux religions. Comprendre, là aussi, une loi antiblasphème.

Des mesures décidées dans la précipitation par des régimes ne connaissant rien à la démocratie, ni à la liberté de la presse et n'hésitant pas à manipuler les questions liées à l'islam dans l'espoir de se mettre au diapason d'une opinion publique abreuvée de la propagande islamiste.

Pas un gouvernement musulman ne veut rester en marge de cette affaire. Le boycott s'étend du Koweït au Maghreb. Les protestations populaires deviennent quotidiennes. La rue est chauffée à blanc. Les chaînes satellitaires arabes ne parlent que de la « question des caricatures ». Le ton est donné et la grande kermesse peut commencer. Des centaines de personnes manifestent à Nouakchott, la capital de la Mauritanie. Les mêmes scènes commencent à se reproduire à Djakarta, Gaza, Le Caire, Kaboul, Islamabad, etc.

Partout les mêmes scènes : des hommes, parfois arme au poing, scandent des slogans hostiles à l'Occident et à Israël, en brûlant des drapeaux.

Des groupes terroristes commencent à lancer sur Internet des menaces d'attentats. Certains, sévissant en Irak, appellent leurs partisans à cibler « tout objectif appartenant au Danemark et à la Norvège ».

À Gaza, les manifestations se multiplient, la foule, en transe, piétine et brûle les drapeaux scandinaves, suisse, israélien et américain. Les ressortissants européens sont évacués des territoires palestiniens. Les appels à la vigilance se multiplient. Les Scandinaves craignent le pire. La pression est trop grande.

La plupart des dirigeants occidentaux se montrent très discrets. En réalité, ils laissent tomber les Danois. Après la grande kermesse, c'est au tour du bal de la drôlerie. Le « très sympathique » Bill Clinton dénonce « l'outrage » fait aux musulmans et met en garde contre le risque de « remplacer les préjugés antisémites par des préjugés anti-islamiques ». Il fallait oser !

Le *Jyllands-Posten* n'a pas publié des caricatures anti-islamiques mais des caricatures de ceux qui utilisent l'islam pour commettre l'abominable. La différence est de taille mais malheureusement, à l'évidence, difficilement compréhensible par beaucoup de membres de l'élite internationale.

On sombre dans le ridicule ; le groupe agroalimentaire Nestlé, qui craint l'amalgame, prend les devants et achète de coûteux encarts publicitaires dans les journaux arabes, comme *Al-Sharq Al-Awsat*, publié à Londres, pour préciser que ses marchandises ne sont « ni produites au Danemark ni importées du Danemark »[1]. L'encart publicitaire, qui porte le sigle d'une marque phare de lait en poudre, précise également : « Les honorables consommateurs peuvent s'assurer de l'origine de nos produits en vérifiant les emballages. » Incroyable mais vrai !

Chez les Français, ce n'est pas mieux. Plusieurs magasins liés au groupe Carrefour, le numéro deux mondial de la distribution, largement implanté dans les pays arabes, ont décidé de leur propre chef de retirer les produits scandinaves. Ainsi, le franchisé de Carrefour en Égypte annonce sur son site Internet ne plus distribuer de produits danois dans ses magasins !

Selon l'Agence France-presse, un porte-parole du groupe français a expliqué que ces « initiatives ne dépendent pas de la direction du groupe Carrefour en France, car il s'agit d'un franchisé et que les franchisés sont libres de retirer ou non des produits de leurs magasins ». Quoi qu'il en soit, ce sont finalement les groupes européens, ou leurs franchisés, qui décident de boycotter le Danemark. Cela s'appelle-t-il du pragmatisme économique ou tout simplement de la lâcheté ?

1. Source : dépêche AFP, 3 février 2006.

Interrogé par des journalistes de l'AFP, le leader français des produits laitiers, Danone, a fait savoir, lui, qu'il « ne commercialisait pas de produits danois ». Ouf !

À Copenhague, les opérateurs économiques sont inquiets : le Danemark a exporté en 2005 pour plus d'un milliard de dollars de marchandises vers des pays musulmans.

Pour essayer de faire face à cette situation, le Premier ministre, Anders Fogh Rasmussen, décide de parler de nouveau, fin janvier 2006. Cette fois, il adopte un profil bas et affirme respecter toutes les religions. « J'ai personnellement un tel respect pour les croyances religieuses des gens, dira-t-il, que je n'aurais jamais pu représenter Mahomet, Jésus ou d'autres figures religieuses d'une manière qui peut être insultante. » Mais il tente aussi d'expliquer qu'en Occident les gouvernements ne dirigent pas les journaux. « Je ne peux pas, précisera-t-il, appeler les rédactions et décider ce qui doit être publié. »

Les autorités danoises avaient « conseillé » néanmoins aux responsables du *Jyllands-Posten* de faire de même. Désormais c'est de raison d'État dont il est question et Fogh Rasmussen peut appeler (ou faire appeler) les dirigeants du quotidien. Sensibilisés, les patrons du *Jyllands-Posten* demandent à Carsten Juste, le rédacteur en chef du journal, de présenter ses excuses. À Aarhus, au siège du quotidien, on jure que le gouvernement n'a jamais fait d'injonction aux responsables du journal afin qu'ils présentent leurs excuses. Ce serait Carsten Juste qui aurait pris cette initiative après avoir craqué sous une pression toujours grandissante. Quoi qu'il en soit, en cette fin du mois de janvier, les démocraties sont à genoux et la liberté de la presse est ébranlée.

Le 31 janvier 2006, le rédacteur en chef du *Jyllands-Posten* adresse une lettre à PETRA, l'agence d'information jordanienne, dans laquelle il présente ses excuses et celles du journal à l'ensemble du monde musulman. Il écrira : « Ces dessins ne violaient pas la législation danoise, mais ont offensé de manière irréfutable beaucoup de musulmans, et nous nous en excusons. » Le jour même, *Magazinet* exprime également ses « regrets », sans toutefois présenter d'excuses.

Les excuses du *Jyllands-Posten* et celles de *Magazinet* étaient exigées, depuis plusieurs mois pour l'un et depuis plusieurs jours pour l'autre, par un grand nombre de gouvernements et de dignitaires religieux dans le monde musulman. Elles interviennent à un moment où la pression devenait insupportable. Protestations de rues, travailleurs scandinaves menacés de mort et appels au boycott ne cessaient de croître.

Fogh Rasmussen est rassuré. « Cela me réjouit énormément que le *Jyllands-Posten* ait fait ce pas très important », déclare-t-il à la télévision danoise. Il espère que ce geste « contribue à trouver une solution à la crise ».

Plusieurs éditorialistes arabes considèrent les excuses du *Jyllands-Posten* comme une « victoire de la campagne de boycott des produits danois ». C'est certainement vrai. Cela faisait surtout très longtemps que les pays arabes n'avaient pas remporté de victoire. Fin du premier acte. Un deuxième allait commencer dès le lendemain.

3

La presse française s'invite dans la polémique

Le 1er février 2006, des journaux européens publient à leur tour, au nom de la liberté de la presse, les dessins du *Jyllands-Posten*. En France, le premier journal à oser le faire, est *France-Soir*. En une, le journal titre : « Oui, on a le droit de caricaturer Dieu. » Dans son éditorial, le quotidien rappelle que dans les dessins incriminés il n'y a « aucune intention raciste, aucune volonté de dénigrement d'une communauté en tant que telle ».

Le quotidien français, qui vit depuis plusieurs mois une profonde crise, sera accusé par les islamistes d'avoir voulu se « refaire une santé financière ». Accusation totalement absurde puisque ce sont des journalistes de la rédaction qui ont pris cette décision, après un débat houleux, et non pas le propriétaire du journal, qui aurait eu, lui, un quelconque intérêt financier à le faire.

Cela étant dit, la réaction des autorités françaises ne s'est pas fait attendre. Le ministère des Affaires étrangères a tenu, le soir même, à prendre ses distances avec *France-Soir* en faisant immédiatement savoir que la publication des caricatures n'engageait « que la responsabilité du journal ». Au Quai d'Orsay, on craint que la France ne subisse le même sort que celui qui a été réservé aux Scandinaves. Au pays de Voltaire, on veut garder son rayonnement dans le monde arabe et son amitié avec les dirigeants musulmans.

Mais les conséquences de cette publication vont être immédiates. Quelques heures après la distribution du quotidien, le directeur de la publication, Jacques Lefranc, est limogé. C'est le propriétaire de *France-Soir* de l'époque, l'homme d'affaires franco-égyptien Raymond Lakah, qui en prend la décision. Cela faisait longtemps qu'en France on n'avait pas viré un directeur de journal pour la publication de caricatures sur les religions. Le propriétaire de *France-Soir*, journal créé pendant la Résistance et longtemps dirigé par Pierre Lazareff, a préféré se plier aux règles de l'autocensure, voire de la censure. Lamentable !

Raymond Lakah prend aussi le soin de rendre public un communiqué dans lequel il explique que sa décision est un « signe fort de respect des croyances et des convictions intimes de chaque individu ». L'homme d'affaires, régulièrement convoqué à la brigade financière pour certaines de ses activités, a tenu également à présenter ses « regrets auprès de la communauté musulmane et de toute personne ayant été choquée ou indignée par cette parution ». Le même jour, les autorités marocaines et tunisiennes réagissent également. Le numéro de *France-Soir* est interdit de vente dans ces deux pays.

En France, la réaction des « représentants officiels » de la communauté musulmane a été immédiate. Dalil Boubakeur, le président du Conseil français du culte musulman (CFCM), estime que la décision de *France-Soir* est une « vraie provocation ». Boubakeur, connu pourtant pour défendre depuis plusieurs années un islam éclairé et moderne, qualifie cette publication d'odieuse. Les journalistes qui le connaissent sont surpris par une telle réaction. Mais, au fil des jours, les choses vont se clarifier.

Avant de faire cette déclaration, Dalil Boubakeur, qui est également le recteur de la mosquée de Paris, présidait une réunion du CFCM. Certains de ses proches estiment qu'il « était contraint de faire cette sortie médiatique ». En vue, semble-t-il, de calmer les ardeurs de certains intégristes qui siègent au bureau du CFCM. D'ailleurs, les membres de la Fédération nationale des musulmans de France (FNMF) et ceux de l'Union des organisations islamiques de France, qui défend l'idéologie de la confrérie des Frères musulmans, avaient annoncé qu'ils étudiaient « le lancement d'une procédure judiciaire ». Les islamistes français commençaient à s'exciter. Boubakeur échange quelques coups de fil avec le ministère de l'Intérieur et l'Élysée avant de faire sa déclaration. Tout le monde est ainsi sur la même longueur d'onde. On réitère son attachement à la liberté de la presse pour rassurer la population et on tire sur les médias pour calmer les esprits des intégristes. C'est la ligne de conduite qui sera adoptée par la majorité des hommes politiques.

Jean-François Copé, le porte-parole du gouvernement, rappelle que la liberté d'expression doit s'exercer « dans un esprit de tolérance et de respect des croyances de chacun ». Comprendre : il ne faut pas trop user de caricatures.

Le gouvernement français est d'ailleurs en harmonie avec le Vatican, qui estime, dès le 4 février, que « le droit à la liberté de pensée et d'expression ne peut entraîner le droit d'offenser le sentiment religieux des croyants ». C'est dire comme Jean-François Copé pouvait également être porte-parole du pape.

Le MRAP, le Mouvement contre le racisme et pour l'amitié entre les peuples, dirigé par Mouloud Aounit, décide de porter plainte contre *France-Soir*. Le président du mouvement antiraciste s'implique, depuis quelques années, dans des « combats » qui servent incontestablement la cause de l'idéologie islamiste. Ce militant de gauche, pourtant fondamentalement opposé à cette idéologie fasciste, ne s'empêche pas, visiblement au nom d'un communautarisme ou d'une quelconque idéologie anti-impérialiste, de servir la soupe à des intégristes dont la démarche est pourtant en totale contradiction avec les valeurs que le MRAP est censé défendre. L'organisation antiraciste a fait du discours de « victimisation » son credo. C'est dans cette logique que Mouloud Aounit a voulu poursuivre le quotidien du soir pour « provocation et incitation à la haine raciale ». Quelle provocation ? Quelle incitation à la haine raciale ?

Mouloud Aounit ne poursuivra sans doute jamais les tenants de l'obscurantisme qui ne cessent de provoquer tous les républicains en voulant les soumettre à une vision rétrograde du monde, comme il ne poursuivra jamais certains prêcheurs de la haine qui, chaque vendredi, incitent à la haine de l'Occident et de ses valeurs.

À travers le monde, l'excitation est désormais plus grande. À Gaza, 50 000 personnes manifestent dans la rue, des groupes terroristes palestiniens menacent la France, le Danemark et la Norvège. Ce pays fermera d'ailleurs sa représentation diplomatique en Cisjordanie. Mahmoud Zahar, l'un des dirigeants des terroristes du Hamas, affirme que « les auteurs des dessins méritaient la mort ».

« Nous aurions dû tuer tous ceux qui offensent le Prophète, et au lieu de cela nous sommes là, en train de protester pacifiquement », lancera-t-il aux caméras de télévision.

Le 4 février, la contestation de la rue musulmane connaît un nouveau tournant. À Damas, des centaines de manifestants prennent d'assaut l'ambassade du Danemark puis celle de la Norvège. Les bâtiments sont sérieusement endommagés, diplomates et fonctionnaires sont évacués d'urgence avant qu'ils ne soient lynchés par la foule. Plusieurs manifestants ont escaladé le bâtiment qui abrite les deux ambassades avant d'y pénétrer pour saccager les bureaux et jeter une partie du mobilier dans la rue, où il est brûlé.

Dans les mosquées de Damas, contrôlées par le régime syrien, les imams n'avaient cessé de haranguer les foules. Le grand mufti de Damas, qui avait reçu Ahmed Akkari et qui possédait donc le fameux dossier à charge élaboré par les imams, encourageait les islamistes de son pays à réagir. Proche de Bachar al-Assad, le président syrien, et de ses services, le dignitaire religieux ne pouvait pas agir de son propre chef. C'est l'évidence même.

Ceux qui connaissent Damas et la nature du régime syrien savent parfaitement que dans ce pays tout débordement est savamment orchestré par une police politique omniprésente. Curieusement, ce 4 février, quelques islamistes, habituellement si discrets, laissent libre cours à leur excitation devant un service d'ordre anormalement passif, et trouvent le temps de mettre le feu aux ambassades danoise et norvégienne. Le bâtiment les abritant a été miraculeusement épargné.

En scandant « par notre âme et notre sang, nous nous sacrifierons pour le Prophète », les islamistes n'ont essuyé que quelques tirs de grenades lacrymogènes lancées par des forces antiémeutes qui n'ont fait que contrôler le mouvement. Les images montrant des policiers souriants faisant face aux manifestants, chose incroyable à Damas, ne laissent planer aucun doute sur la manipulation.

En effet, cette manipulation est claire comme de l'eau de roche et elle s'est exercée à différents niveaux. D'abord par l'intermédiaire d'un Syrien, Mohamed Fouad al-Barazi, le président de la Ligue islamique du Danemark et membre du Conseil européen de la fatwa, l'imam concurrent d'Abou Laban, qui a laissé entendre, le jour où la foule s'est déchaînée à Damas, sur une chaîne arabe, que des Danois « s'apprêtaient à brûler des exemplaires du Coran sur la grande place de Copenhague ». Ensuite, dans la capitale syrienne, des jeunes se sont envoyé des « textos » faisant circuler cette information. Enfin, d'autres « textos », appelant à manifester devant l'ambassade du Danemark, ont été envoyés en nombre important sur les téléphones portables des jeunes de Damas par des « expéditeurs anonymes ».

Après ces incidents, le gouvernement dirigé par Anders Fogh Rasmussen a appelé ses ressortissants à quitter la Syrie de toute urgence. La Norvège a fait de même. Pourtant, dans le droit international, les attaques dirigées contre des ambassades sont des actes graves qui engagent directement la responsabilité des pays hôtes. Mais la Syrie n'avait cure des règles internationales, elle qui devait rendre des comptes sur l'assassinat de Rafic Hariri.

Après la Syrie, c'est la Turquie qui, dès le 5 février, fait parler d'elle. Andrea Santoro, un prêtre italien, est assassiné alors qu'il allait prier dans l'église Sainte-Marie de la ville de Trabzon, sur la mer Noire. Le tueur, un jeune homme de dix-sept ans, a été vu par des témoins au moment où il tirait sur le religieux en criant *Allah akbar*[1]. Le prêtre était pourtant un ardent promoteur du dialogue entre chrétiens et musulmans. Arrêté quelques jours plus tard, le jeune homme avouera que son acte était une riposte à la publication des caricatures. En France, malgré le contexte international, un millier de personnes, des islamistes notamment, décident de manifester dans les rues de Paris. Cette manifestation, non autorisée par la préfecture de police, aurait pris de surprise les Renseignements généraux de la préfecture. Pour expliquer l'absence des forces de l'ordre, on affirme, du côté de la préfecture de police, qu'elle aurait été préparée sur les forums d'Internet et par SMS. Explication quelque peu mystérieuse pour plusieurs raisons. D'abord parce qu'il existe au sein des Renseignements généraux, aussi bien ceux de la Direction centrale des renseignements généraux (DCRG) que ceux de la préfecture de Paris (RGPD), des sections qui surveillent quotidiennement « ce qui

1. Littéralement : « Dieu est grand ».

se raconte » dans les forums islamistes. Ensuite, il faut signaler que cette marche, au cours de laquelle les manifestants ont relié la place de la Nation à la Bastille, a eu lieu au cœur de Paris. Quand bien même la police aurait été prise de court, elle avait largement le temps de rattraper les choses durant les quatre heures qu'a duré la manifestation, au cours de laquelle les « protestataires » avaient même eu le temps d'organiser une prière place de la Nation. Selon certaines indiscrétions, les autorités ont préféré rester en retrait afin d'éviter d'éventuels affrontements entre les forces de l'ordre et les manifestants, qui étaient ce jour-là, pour certains, très excités. Quelques-uns avaient même repris le célèbre slogan des terroristes algériens : « Pour elle [notre religion] nous vivons, pour elle nous mourrons, et dans sa voie nous accomplirons le djihad et pour elle nous retrouverons Dieu. »

Les autorités françaises étaient d'autant plus inquiètes que l'Armée islamique en Irak, ce groupe terroriste qui avait pris en otage les deux journalistes français Christian Chesnot et Georges Malbrunot, menaçait de frapper les intérêts des pays européens dont des journaux avaient publié des caricatures.

Le lendemain, la fièvre s'étend à Beyrouth. Des manifestants tentent de prendre d'assaut les ambassades scandinaves et saccagent tout sur leur passage. Ces actes de violence sont initiés par les services secrets syriens, encore présents à l'époque dans la capitale libanaise. Le régime de Bachar al-Assad, menacé de lourdes sanctions internationales dans le cadre du dossier Hariri, a certainement pensé que ces manifestations violentes étaient un excellent moyen d'utiliser la peur face à l'opinion publique internationale. La police libanaise arrêtera des dizaines de Syriens, et plusieurs hauts responsables libanais pointeront un doigt accusateur en direction de Damas.

La situation empire également en Afghanistan. Les forces de sécurité ont tiré sur des manifestants. On dénombre cinq morts et une quarantaine de blessés. La communauté internationale retient son souffle.

Même en Égypte la rue ne décolère pas. Des milliers de personnes manifestent au Caire. À leur tête, le ministre des Affaires religieuses, mais aussi Ali Gomaa, le mufti de la République, et le cheikh d'al-Azhar, Mohamed Sayed Tantaoui.

Le 7 février, c'est Téhéran qui se réveille. L'ambassade du Danemark y est attaquée. Comme à Damas, la manipulation est flagrante. Le régime des mollahs annonce qu'il suspend tous les échanges commerciaux avec Copenhague. Un des plus importants journaux du pays décide de lancer un « concours de caricatures sur l'Holocauste au nom de la liberté de la presse ». Mahmoud Ahmadinejad, le très intégriste président iranien, applaudit l'idée.

Cette situation lui permet d'annoncer à l'Agence internationale de l'énergie atomique (AIEA) qu'il restreignait jusqu'alors les inspections de son programme nucléaire, mais que son pays va reprendre ses activités nucléaires sensibles. Pour lui, l'affaire des caricatures est arrivée à point nommé. George W. Bush accuse l'Iran et la Syrie d'exploiter cette polémique. Pour une fois, le président américain n'a pas tort.

Pris dans la tourmente de l'affaire, Flemming Rose, le responsable des pages culturelles du *Jyllands-Posten,* se dit prêt à publier les caricatures iraniennes sur l'Holocauste. Il sera très vite repris par Carsten Juste, son rédacteur en chef, qui niera l'information. Le piège tendu par les Iraniens a failli fonctionner. Car il est inutile de rappeler que la caricature d'une religion ou d'une idéologie ne pourrait être mise sur un pied d'égalité avec celle d'un fait historique incontestable. En clair, si, dans le contexte actuel dans lequel des actions criminelles sont attribuées par leurs auteurs à l'esprit et à la lettre de la religion musulmane, il serait légitime qu'un non-musulman se pose des questions sur la nature de cette même religion ou sur sa partie « idéologisée » par les fanatiques, il serait en revanche totalement illégitime de poser des questions révisionnistes ou négationnistes à propos de l'Holocauste, tant l'existence de cette horreur ne souffre d'aucune ambiguïté et tant elle est étayée par des travaux historiques indiscutables. Finalement, on se rend compte que la réaction à la publication des caricatures et son ampleur ont donné raison aux détracteurs de l'islam. Comme l'a écrit un éditorialiste algérien du journal francophone *El Watan*, la pire des caricatures, c'est la treizième, celle qui a été dessinée dans les rues par des musulmans eux-mêmes.

C'est au milieu de ce boucan international qu'en France, une semaine après *France-Soir*, c'est au tour de l'hebdomadaire satirique *Charlie Hebdo* de publier, le 8 février, la totalité des caricatures danoises dans le cadre d'un numéro spécial. La une du journal est consacrée à un dessin qui résume parfaitement le message que tous les caricaturistes, français comme danois, ont voulu faire passer. On y voit un homme barbu, censé être le prophète Mahomet, se prenant la tête entre les mains. Le titre précise : « Mahomet débordé par les intégristes ». La légende attribuée au Prophète résume le problème qui secoue la planète depuis quatre mois ; on lui fait dire : « C'est dur d'être aimé par des cons... »

Pour Philippe Val, directeur de la publication du journal satirique, ce numéro spécial était nécessaire « par solidarité » mais aussi, dira-t-il, « si on recule, c'est Munich ». Mais cette publication n'a pas été une sinécure. La veille de la parution du numéro spécial, le directeur de *Charlie Hebdo,* qui avait annoncé la publication des caricatures du *Jyllands-Posten*, doit faire face à un dernier écueil : se défendre devant le juge des référés qui a retenu une plainte déposée par le CFCM. Poussé par les intégristes, qui visiblement le prennent en otage, Dalil Boubakeur avait décidé de lancer une procédure dans l'espoir de faire interdire le numéro de *Charlie Hebdo*. Voilà les rares à militer pour un islam apaisé en train de se transformer en fer de lance des islamistes. Quel gâchis !

En réalité, l'action du CFCM aurait été, selon certaines indiscrétions, décidé après concertation avec le ministre de l'Intérieur. L'objectif : canaliser la colère des islamistes dans les couloirs du tribunal pour les neutraliser et les empêcher de s'exprimer dans la rue. Les séquelles des émeutes de banlieues de novembre 2005 sont encore vivaces et le gouvernement ne veut surtout pas voir les islamistes lancer le mot d'ordre de la colère et provoquer des troubles à une année des élections présidentielles.

Boubakeur, bien qu'il ne porte pas Sarkozy dans son cœur, sait que son fidèle allié, Jacques Chirac, est d'accord avec la démarche. De plus, les intérêts du CFCM sont défendus par Chems-eddine Hafiz, un avocat connu pour ses positions anti-intégristes, très respecté dans les allées de la République. Il saura s'adresser aux médias sans choquer l'opinion. Fouad Alaoui et Mohamed Bechari, qui représentent respectivement l'UOIF et la FNMF, sont tout contents de se retrouver là, au tribunal, dans les habits du plaignant répondant aux sollicitations des journalistes. Ils espèrent alors barrer la route à *Charlie Hebdo*. Fouad Alaoui se gratte la barbichette, l'affaire lui permet d'avoir une tribune médiatique et il adore cela.

Finalement, le juge déboute le CFCM de ses demandes pour vice de procédure. En fin connaisseur des démarches en matière de délit de presse, Richard Malka, l'avocat de l'hebdomadaire satirique, ne forcera pas sur son talent pour convaincre le juge.

Mais un fait grave est passé quasiment inaperçu dans l'opinion. Selon une information rendue publique par France Inter, le gouvernement français « souhaitait que la parution de *Charlie Hebdo* soit interdite ». Dans son journal du 7 février, la radio précisait qu'un « éminent ministre l'avait même fait savoir aux autorités judiciaires concernées. Il a donc suggéré en somme au juge des référés du tribunal de grande instance de Paris d'accéder à la demande des organisations musulmanes, cela au nom de la paix civile. » À ce jour, aucun communiqué du gouvernement n'est venu démentir cette information.

Si cela est vrai, cela montre à quel point le gouvernement était terrifié, mais surtout à quel point les dirigeants français sont prêts à reculer pour éviter l'ire des islamistes. Vice de procédure, dites-vous ?

En mauvais perdants, les islamistes français, eux, prennent le parti de faire dans la désinformation. Ils prétendent que la démarche de *Charlie Hebdo* serait motivée par le gain. Si les intégristes sollicitent l'appât de tels arguments, c'est en raison de l'engouement populaire suscité par le numéro spécial. Le journal est épuisé en l'espace de quelques heures seulement. *Charlie Hebdo* s'arrache. Certains lecteurs l'avaient même commandé depuis la veille à leur marchand de journaux. Mais accuser le journal d'avoir voulu tirer un bénéfice financier est totalement malhonnête. D'abord parce qu'il possède une très bonne santé financière : il continue de se vendre normalement malgré la crise qui traverse le secteur de la presse écrite. Ensuite, tous les témoignages que j'ai recueillis correspondent à ce qui est finalement la réalité. Les dirigeants du journal ne s'attendaient même pas à un tel succès, tant et si bien qu'ils n'avaient pas anticipé sur le tirage.

Le 8 février, le quotidien a été tiré à 160 000 exemplaires, à peine un peu plus que ce qu'il imprime habituellement. Les responsables de *Charlie Hebdo* ont dû commander quatre autres tirages à l'imprimerie pour atteindre, deux semaines plus tard, près de 500 000 exemplaires vendus. Un chiffre énorme qui démontre que les Français demeurent très attachés aux questions liées à la liberté de la presse. Tant mieux ! Une lueur d'espoir dans un monde bien grisâtre.

Dès la publication du numéro spécial de *Charlie Hebdo*, la police dresse des barrières à proximité du journal. Philippe Val et les caricaturistes sont désormais accompagnés d'une protection rapprochée, décidée par le ministre de l'Intérieur et le préfet de police de Paris. À l'instar du *Jyllands-Posten*, le journal est inondé de coups de téléphone, des encouragements mais aussi des insultes et évidemment des menaces. L'une d'elles sera jugée plus sérieuse que les autres. C'est une alerte à la bombe. Le personnel est évacué, les démineurs interviennent. Heureusement, ce sera une fausse alerte.

Les réactions se succèdent tant en France qu'à l'étranger. Les journalistes britanniques et américains sont très prudents avec l'affaire des caricatures. La plupart partagent la démarche de leurs dirigeants politiques opposés à la publication des caricatures, qui n'ont pas été diffusées en Grande-Bretagne, toujours aussi attentive à l'égard des islamistes. Jack Straw, le ministre britannique des Affaires étrangères, critique l'attitude de *France-Soir* et celle de *Charlie Hebdo*. Il estime que cette nouvelle publication « n'était pas nécessaire », précisant que les journaux français et scandinaves « ont eu tort ». À son goût, ceux qui ont raison, ce sont peut-être ces islamistes qui ont manifesté, après la grande prière du vendredi à la mosquée centrale de Regent's Park, à Londres, aux cris de « Décapitons ceux qui insultent l'islam » ou alors « Jihad, jihad à bas l'Europe ».

Pour les Américains, qui se sont exprimés à travers le porte-parole du département d'État, les caricatures « sont évidemment blessantes pour les croyances des musulmans ». Tous plient devant l'intégrisme et critiquent les médias.

En France, Jacques Chirac, avec un ton rassembleur, appelle chacun « au plus grand esprit de responsabilité, de respect et de mesure pour éviter tout ce qui peut blesser les convictions d'autrui ». Décrypter qu'il est contre la publication des caricatures. Il le redira d'ailleurs clairement en condamnant « toutes les provocations manifestes, susceptibles d'attiser dangereusement les passions ».

S'il tient un tel discours, c'est à dessein. Le président de la République doit se rendre un mois plus tard, du 4 au 6 mars 2006, en Arabie saoudite pour une visite d'État. Il sera accompagné de plus de cent cinquante patrons français. Il espère signer des contrats. Il ne faut surtout pas titiller les susceptibilités de la monarchie saoudienne à la veille de cette importante visite, au cours de laquelle Jacques Chirac doit négocier deux gros contrats d'armement : le projet Miksa de surveillance des frontières saoudiennes, estimé à 7 milliards d'euros, et la vente d'avions Rafale.

Jacques Chirac exprimera néanmoins « sa condamnation » de toutes les violences contre le Danemark. Il appellera même Anders Fogh Rasmussen, le Premier ministre danois, pour l'assurer de sa « solidarité ».

Finalement, c'est Nicolas Sarkozy qui va surprendre tout le monde en prenant une position courageuse, alors qu'il n'avait pas hésité, à maintes reprises, à « faire ami-ami » avec les intégristes de l'UOIF, préférant les qualifier d'orthodoxes. Le ministre de l'Intérieur dira clairement au sujet de l'affaire des caricatures qu'il préfère « l'excès de caricature à l'excès de censure ». Voulait-il se démarquer de la position du chef de l'État ou le pensait-il réellement ? On le saura peut-être un jour...

Désormais, l'affaire des caricatures de Mahomet a pris une véritable dimension internationale. Tous les pays du monde sont concernés. Les tenants du choc des civilisations jubilent. Plusieurs journaux italiens, allemands, espagnols et néerlandais emboîtent le pas aux journaux français et danois et publient les caricatures. Seuls les journaux britanniques, pourtant avides d'affaires à scandale, s'abstiennent. La « bien-pensance » fait son chemin, celle qui continue de considérer les musulmans comme des victimes qu'il ne faut pas offenser davantage.

L'autocensure est également en place. Plusieurs journaux, y compris en France, se gardent d'entrer dans la polémique. Le bouillonnement suscité par l'affaire des caricatures n'est pas sans évoquer l'affaire Salman Rushdie. Rappelons que l'écrivain a eu droit, en 1989, à une fatwa de l'imam Khomeiny le condamnant à mort pour avoir osé écrire *Les Versets sataniques*. À l'époque, le soutien accordé à l'écrivain fut unanime et sans faille. Dix-sept ans plus tard, beaucoup de ceux qui ont soutenu Salman Rushdie sont du côté des islamistes, opposés à la publication des caricatures. Pourtant, en dix-sept ans les choses se sont aggravées. Ceux qui menaçaient Rushdie étaient iraniens, ceux qui menacent le *Jyllands-Posten* ou *Charlie Hebdo* sont danois, français, bref, européens. C'est dire que l'islamisme n'est plus à l'extérieur mais bien installé dans les murs de la vieille Europe. Les mêmes provocations, les mêmes menaces, les mêmes mises en garde, les mêmes tentatives de censure d'un côté, mais pas les mêmes réactions de l'autre. Même sur la question de la liberté de la presse, la mode est désormais à : « La liberté de la presse, c'est bien mais... »

Quel « mais » ? Le seul « mais » qui vaille est le garde-fou installé par des lois votées par les parlements des démocraties et qui sont à même de juger le caractère « offensant », « insultant » ou « indigne » d'un travail journalistique.

Il n'appartient pas aux défenseurs d'une idéologie rétrograde et intolérante de venir aujourd'hui remettre en cause des valeurs fondatrices des sociétés modernes. Dans le cas précis, les islamistes, au Danemark comme en France, se sont vu débouter par la justice qui, contrairement à beaucoup de dirigeants politiques, n'a pas encore jugé que les caricatures avaient un quelconque « caractère provocateur ».

Durant ce mois de février, même des journalistes de confession musulmane subissent les affres de l'affaire des caricatures. Outre l'arrestation d'un éditorialiste jordanien, en Algérie, des responsables de la télévision publique sont limogés sur instruction de la présidence de la République. Ils « avaient osé » montrer les « caricatures offensantes » lors d'un journal télévisé. Quelques jours plus tard, les directeurs de deux hebdomadaires arabophones sont placés sous mandat de dépôt par un tribunal à Alger pour avoir publié des caricatures du *Jyllands-Posten*.

À Rabat, le ministre marocain de l'Intérieur annonce l'organisation d'une marche nationale. Dans ce pays qui craint depuis quelques années la montée de l'islamisme, les dirigeants politiques veulent prendre les devants et ne pas laisser la rue aux intégristes. Cette démarche vise à canaliser la colère à travers l'organisation de manifestations contrôlées par le pouvoir. Quoi qu'il en soit, pays musulmans et démocraties occidentales reculent devant la colère que beaucoup d'islamistes veulent récupérer.

Dix jours après avoir présenté leurs excuses, les responsables du *Jyllands-Posten* décident de les réitérer. Cette fois, le quotidien danois publie sur son site Internet une lettre en arabe s'adressant aux musulmans. Le gouvernement, lui, transmet une lettre d'excuses à la presse algérienne, par le biais de l'ambassade du Danemark à Alger. Ces excuses sont plus claires et plus directes que les précédentes. Toujours dans un souci d'apaisement, Flemming Rose est envoyé en vacances par son journal pour une durée indéterminée.

Malgré ces excuses répétées, la manipulation continue. À Téhéran, le régime des mollahs permet à quelques centaines de jeunes de s'attaquer à l'ambassade de France. Les « manifestants », entourés d'un cordon de sécurité complaisant, jettent des pierres et des cocktails Molotov sur la façade du bâtiment. Les vitres de l'ambassade sont brisées et un incendie est provoqué devant la grille de la représentation diplomatique avant d'être éteint. La France accuse l'Iran de passivité et convoque le chargé d'affaires iranien à Paris.

Dans la capitale française, on essaye également de « gérer l'affaire ». On encourage le recteur de la mosquée de Paris, qui continue d'essayer de contenir la « colère » des intégristes. Le bureau du CFCM déclare qu'il a décidé d'engager une action en justice contre les journaux qui ont publié les caricatures. Mais Dalil Boubakeur est mal à l'aise. Il a toujours essayé d'entretenir de bonnes relations avec la presse. On sent qu'il tente de gagner du temps.

Quand il me reçoit en ce début du mois de février dans son bureau de la mosquée de Paris, je trouve un homme en colère. Il me réitère son « attachement à la liberté de la presse », mais je sens que cette situation le place dans une posture inconfortable. L'homme est instruit, attaché aux valeurs républicaines, mais, depuis la création du CFCM, il donne l'impression d'accomplir des efforts surhumains pour composer avec les quelques intégristes qui l'entourent. Tiraillé entre son « ami » Jacques Chirac et la pression qu'exerce sur lui le pouvoir algérien de Bouteflika, bousculé par les islamistes de l'UOIF, les luttes intestines qui rongent le CFCM et les manœuvres de Nicolas Sarkozy, Dalil Boubakeur a, à plusieurs reprises, menacé de démissionner. À chaque fois qu'il brandit la menace, son téléphone chauffe, on l'appelle d'Alger, de la Place Beauvau et de l'Élysée. L'homme est devenu un élément central dans la construction d'« un islam de France », si cher au gouvernement. De plus, il donne l'impression d'être devenu incontournable parce que derrière lui, outre l'avocat Chems-eddine Hafiz et quelques individualités sans réel charisme, c'est un désert rempli d'intégristes qui convoitent son poste. Cette situation a poussé le recteur de la mosquée de Paris à entrer dans une sorte, disons-le, de schizophrénie intellectuelle qui le pousse à ménager la chèvre et le chou. Et l'affaire des caricatures risque de l'affaiblir au sein du CFCM au profit des islamistes, s'il n'arrive pas à trouver la bonne attitude. Dans l'ombre, plusieurs associations islamistes tentent d'organiser une vraie contestation.

Le 11 février, près de 7 000 personnes, dont beaucoup d'islamistes, ont marché dans les rues de Paris. À Strasbourg, on compte moins de 2 000 manifestants. Cette fois, la police a été mise au courant et aucun débordement n'a été signalé. Pour sa part, la Fédération française des associations islamiques des Antilles, d'Afrique et des Comores décide de poursuivre en justice *France-Soir* et *Charlie Hebdo*.

Ce genre d'initiative est encouragé discrètement par le gouvernement. Le Quai d'Orsay ne cesse d'appeler les Français vivant dans les pays musulmans à la vigilance. Le ministère des Affaires étrangères déconseille à ses ressortissants de se rendre dans certains pays. La France veut limiter la casse et s'éviter le sort qui a été réservé au Danemark.

À Copenhague, justement, Ahmed Abou Laban, l'homme qui a tout déclenché, tente de se refaire une virginité devant les médias danois. Désormais, il ne tarit pas d'éloges à l'égard du Danemark et demande la cessation de la violence, en continuant néanmoins de s'attaquer à la députée néerlandaise d'origine somalienne, Ayaan Hirsi Ali, qui a publiquement apporté son soutien au *Jyllands-Posten*. Abou Laban n'hésite pas à l'insulter en la comparant à un « rat caché dans un trou » pour évoquer le fait qu'elle est obligée de vivre dans une quasi-clandestinité en raison des nombreuses menaces de mort qui pèsent sur elle.

D'ailleurs, les menaces de mort deviennent légion depuis le début de l'affaire des caricatures. Un islamiste pakistanais, Mohammed Youssef Qureshi, imam d'une des mosquées de Peshawar, déclare, le 16 février, qu'il a décidé « d'offrir une prime de 1,5 million de roupies, près de 15 000 euros, ainsi qu'une voiture à quiconque assassinerait l'un des caricaturistes danois ». La menace est prise très au sérieux. L'imam Youssef Qureshi est considéré comme l'un des plus influents du pays et il est proche des mouvements terroristes et des hommes d'Oussama Ben Laden.

Au Pakistan, les manifestations sont devenues quotidiennes à travers l'ensemble du territoire. Plusieurs morts sont chaque jour signalés au cours d'affrontements entre les manifestants et les forces anti-émeutes. La police a interpellé, depuis le début de l'affaire, des dizaines d'islamistes. Lors d'un rassemblement à Islamabad, plus de 15 000 personnes sont venues scander des slogans hostiles à l'Occident. Les appels au djihad se sont multipliés, tous veulent tuer les caricaturistes. Une église est d'ailleurs attaquée puis incendiée à Islamabad. Quatre personnes sont tuées. L'ambassadeur danois au Pakistan reçoit comme instruction de « rentrer temporairement au Danemark ».

Au même moment, le torchon brûle entre Copenhague et Le Caire. Per Stig Møller, le ministre danois des Affaires étrangères, accuse son homologue égyptien d'avoir « joué un rôle crucial ces derniers mois dans l'embrasement de l'actualité autour des caricatures danoises ». Longtemps discret sur le rôle de l'Égypte, le gouvernement de Fogh Rasmussen a décidé de monter au créneau et de mettre les Égyptiens devant leurs responsabilités. On est au bord de l'incident diplomatique. Les Danois ne veulent plus se laisser traîner dans la boue. Ils reprennent une offensive diplomatique après avoir subi les événements durant plusieurs mois. Ils n'hésitent pas à déclarer publiquement que les islamistes « tentent de tirer profit de ce conflit ».

Après cette contre-offensive diplomatique, les choses commencent progressivement à rentrer dans l'ordre. Les manifestations diminuent d'intensité. Les ambassades danoises sont rouvertes les unes après les autres.

Les gouvernements des pays musulmans savent que leurs homologues européens ne peuvent pas interférer dans les publications et pratiquement tous les dirigeants politiques ont montré leur opposition à la publication des caricatures. Même le très bouillonnant Silvio Berlusconi, ne mâchant habituellement pas ses mots, n'hésitant pas à faire l'amalgame entre islamistes et musulmans, a tenu à « condamner la publication des caricatures du Prophète » au cours d'une interview accordée à la chaîne de télévision qatarie Al-Jazira.

En France, devant la léthargie de la grande partie du personnel politique, des associations, personnalités et intellectuels continuent de se battre contre le fascisme islamiste. Des débats et des conférences sont organisés, plusieurs musulmans, opposés à l'islamisme, apportent leur soutien aux journaux qui ont décidé de publier les caricatures, et des appels « à la résistance contre l'islamisme » sont lancés, ici et là, par des citoyens attachés aux principes laïcs et républicains.

C'est dans ce sillage que *Charlie Hebdo* décide, le 28 février, de publier un manifeste intitulé : *Ensemble contre le nouveau totalitarisme, l'islamisme.* Ce manifeste est signé par douze intellectuels et journalistes venant d'horizons divers[1]. Il faut dire que

1. Ayaan Hirsi Ali, la députée néerlandaise ; Chahla Chafiq, écrivaine d'origine iranienne ; Caroline Fourest, essayiste française ; Bernard Henri Lévy, philosophe français ; Irshad Manji, essayiste d'origine ougandaise ; Mehdi Mozaffari, universitaire d'origine iranienne ; Maryam Namazie, écrivaine d'origine iranienne ; Taslima Nasreen, médecin d'origine bangladaise ; Salman Rushdie, écrivain d'origine indienne ; Antoine Sfeir, d'origine libanaise, directeur des *Cahiers de l'Orient* ; Philippe Val, français, directeur de la publication de *Charlie Hebdo* ; Ibn Warraq, chercheur d'origine indo-pakistanaise.

les médias français sont restés globalement assez timides sur la question. Hormis France Télévision qui, nous le verrons plus loin, diffusera deux enquêtes sur le sujet, et Canal Plus, les autres grands médias lourds ont assuré le service minimum sur la crise des caricatures, ne consacrant à l'affaire que quelques sujets factuels, diffusés dans le cadre des journaux télévisés.

En presse écrite, hormis *Charlie Hebdo*, *France-Soir* et *L'Express*, les autres journaux ont décidé de publier les caricatures les moins sujettes à polémique, ou aucune d'entre elles. La plupart ont entendu l'appel « à la responsabilité » qui a été lancé par les plus hautes sphères de l'État.

Raison qui a poussé le journaliste Daniel Leconte, directeur de la société de production Doc en stock, à rendre publiquement un vibrant hommage à *Charlie Hebdo,* qui, dira-t-il, « en refusant de céder à la peur a montré l'exemple à tous les médias ».

Mais si *Charlie Hebdo* refuse de « céder à la peur », le *Jyllands-Posten* est devenu très prudent, en refusant, par exemple, de publier le « manifeste des douze » rendu public par l'hebdomadaire français. La machine de l'autocensure est en marche. Fin du deuxième acte.

4

Dernier rebondissement au Danemark

À la mi-février les choses s'étaient quelque peu calmées pour les Danois. La population, terrifiée, était sortie dans la rue pour « présenter ses excuses aux musulmans », le gouvernement avait dit plusieurs fois ses regrets, le *Jyllands-Posten* en avait fait de même, bref, tout semblait être revenu à la normale. J'étais loin de me douter que j'allais devenir, quelques jours plus tard, un acteur dans l'affaire et lancer le troisième acte de cette crise tant ridicule qu'ignoble.

En effet, quelques jours plus tôt, j'avais proposé à Guilaine Chenu et Françoise Joly, responsables de l'émission *Envoyé spécial* de France 2, la réalisation d'un reportage sur l'affaire des caricatures. Je voulais savoir ce qui s'était réellement passé dans ce pays scandinave, d'autant plus que certaines informations faisaient déjà état d'éventuelles manipulations de la part des imams danois.

C'est ainsi que je débarquai, ce 18 février, accompagné de deux collègues, à Copenhague. Quelques contacts en poche et la chronologie de l'affaire scrupuleusement détaillée dans mon ordinateur, mon ambition était de savoir si les imams qui avaient tant fait parler d'eux étaient de simples « musulmans offensés » ou de vrais « islamistes manipulateurs ». Je savais aussi qu'il y avait une personne qu'il fallait à tout prix rencontrer : le désormais très célèbre Ahmed Abou Laban. L'homme était intéressant. Dans la semaine qui avait précédé ce voyage, je l'avais vu à deux reprises sur des chaînes de télévision. Une première fois sur Al-Jazira, la seconde, interviewé par Karl Zéro dans le cadre du *Vrai journal* de Canal Plus. L'imam avait tenu deux discours diamétralement opposés. Sur la chaîne satellitaire arabe, il avait encouragé les jeunes musulmans « à boycotter les produits danois », alors que sur la chaîne française il avait rappelé que le « Danemark était un pays formidable », parlant du « dialogue entre les civilisations ».

Naturellement, je sais depuis longtemps que le double discours est une maxime chez les islamistes, mais je n'arrive toutefois pas à comprendre leur entêtement à continuer d'user de cette « technique » alors qu'il savent parfaitement que beaucoup de musulmans opposés à l'islamisme sont bilingues, voire polyglottes, et qu'ils pourraient par conséquent les confondre aisément.

Grâce à l'affaire des caricatures, Abou Laban est devenu un personnage médiatique à la renommée internationale. Quand nous arrivons au siège de son association, j'ai l'impression d'entrer dans un QG de campagne électorale. Premier constat : pas d'excès, un militantisme discret et sobre. Des téléphones qui sonnent sans interruption. Des va-et-vient incessants. Des journalistes qui supplient pour être reçus. Il n'y a pas d'excitation, mais l'activisme est bien là. On le sent. On le voit. Des livres de théologie, des exemplaires du Coran traduit dans toutes les langues, mais aussi des publications d'idéologues de l'islamisme. Des ordinateurs, des bureaux, des dossiers, tout paraît bien huilé, organisé.

Au siège de Det Islamiske Trossamfund I Danmark, « la société islamique du Danemark », où il nous reçoit, Abou Laban est souriant, affable et attentionné. Il nous tend une boîte de chocolats, nous offre des loukoums, du café, du thé. Une hospitalité réservée aux journalistes. Eh oui ! Nous avons la réputation d'être des gens gourmands et corruptibles. Abou Laban semble content de me voir, il pense que je suis, comme lui, un islamiste.

La veille, quand je l'ai appelé d'Aarhus pour obtenir un rendez-vous, il a pris le temps de discuter avec moi, histoire de me jauger. Je ne lui ai pas donné mon nom de famille, juste mon prénom. Mon discours aurait pu être tenu par un islamiste. Je lui ai tout simplement dit que je voulais savoir comment il avait pu « faire plier le Danemark ». La phrase a visiblement touché son ego. Il a cherché à connaître mon sentiment personnel sur l'affaire des caricatures, je lui ai simplement répondu que j'étais « scandalisé » mais sans lui préciser par quoi...

Au siège de son association, Abou Laban enchaîne les interviews. En anglais face à des journalistes russes, ou encore en arabe avec une radio égyptienne. Depuis plusieurs mois, l'homme répétait les mêmes choses, le même discours. Je voulais qu'il m'en dise un peu plus, je voulais fouiller au fond de sa pensée. Je lui ai donc demandé s'il acceptait de me recevoir pendant trois ou quatre jours de suite, en lui arguant que je cherchais à « mieux cerner le problème qui l'opposait au gouvernement danois et au *Jyllands-Posten* ». « Avec plaisir, mon frère », me répondra-t-il en me tapant sur l'épaule, non sans ajouter le traditionnel : « Ici tu es chez toi. »

Étant désormais « chez moi », j'ai décidé, avec mes collègues, de filmer un maximum de séquences, d'interviewer tous ceux qui gravitent autour de cette association. On allait utiliser une caméra visible pour réaliser nos interviews et une caméra cachée pour essayer de capter ce que les islamistes ne veulent surtout pas montrer au public. Cachotteries que les téléspectateurs doivent nécessairement connaître afin de mieux comprendre la nature de ces gens qui ternissent l'image de la religion musulmane.

En premier lieu, Abou Laban voulait me montrer qu'il était fier de son action. En matière d'humilité, il y a du travail, parce que l'homme ne tarit pas d'éloges sur son action et sur celle de ses compagnons. « Nous disons que l'Europe doit nous remercier et l'Histoire doit nous rendre justice, parce que le monde entier va savoir que nous avons fait un travail discipliné et conscient à travers lequel nous avons voulu faire tomber le masque de l'hypocrisie », lancera-t-il en guise d'introduction. Mais pense-t-il au fait que ce qui a été accompli a provoqué une crise mondiale qui a coûté la vie à des dizaines de personnes, sans oublier que l'image de l'islam s'est considérablement détériorée ? Que nenni !

Abou Laban a une réponse toute faite : « Nous avons juste montré l'abcès. Il y avait une maladie qui s'appelle l'allergie à l'islam. Et s'il y a eu des morts et s'il y a des actes de vandalisme, c'est quelque chose qui ne nous plaît pas, mais personne ne doit nous interpeller sur ça parce que ce sont des choses de la vie courante. » Des choses de la vie courante ? Est-ce à dire que ce sont des accidents de la vie ? Une vingtaine de victimes en Afghanistan, presque autant au Pakistan et en Libye, des menaces de mort sur des hommes dont le seul tort a été de dessiner, Abou Laban estime que ce sont là « des choses de la vie courante ». Il est important d'analyser ce genre de réponses parce qu'elles émanent de ceux qui représentent ce que certains esprits hypnotisés, appellent « l'islamisme modéré ».

Après avoir manipulé, provoqué des heurts et des manifestations, l'imam danois ne se sent responsable de rien. Et, naturellement, il ne regrette rien.

Durant ma présence à ses côtés, l'imam Abou Laban a tenu à me présenter les membres de la délégation partie en Égypte alimenter la polémique. Par chance, ils s'étaient tous réunis durant ma présence à Copenhague pour recevoir des islamistes venus de Stockholm et d'Oslo pour les soutenir.

À ma grande surprise, et malgré les excuses des autorités danoises et des responsables du *Jyllands-Posten*, les imams sont décidés à poursuivre leur action. D'ailleurs, les islamistes venus des autres pays scandinaves discutent avec Abou Laban et ses amis de la nécessité de « rester mobilisés ». Visiblement, ils veulent optimiser l'affaire des caricatures au maximum. J'apprends alors qu'ils sont en contact avec le Saoudien Abdallah Turki, le secrétaire général de la Ligue islamique mondiale, avec lequel, à l'évidence, ils coordonnent leurs actions. Ils veulent lui organiser une conférence à Copenhague afin qu'il vienne « entretenir la ferveur des musulmans ». Ils continuent également de solliciter Amr Moussa, le secrétaire général de la Ligue arabe. Les islamistes scandinaves veulent amplifier davantage la contestation. La mascarade continue.

Abou Laban a tenu à me présenter Raed Hlayhel, celui qui a présidé la délégation et effectué la tournée dans le monde arabo-musulman. « Je te présente notre imam le cheikh Raed. Nous lui avons fait allégeance dans cette affaire », me dira-t-il. Abou Laban se tournera vers l'imam intégriste à la barbe hirsute et au regard méfiant pour lui préciser, en des termes codés, que je défends la même idéologie qu'eux. Rassuré, Raed Hlayhel m'esquissera un sourire complice.

L'homme est d'origine libanaise, c'est un intégriste pur et dur. Un véritable idéologue du fascisme. Né à Tripoli, à quelque 80 kilomètres au nord de Beyrouth, il défend, depuis son jeune âge, des thèses extrémistes. Après avoir été formé à la faculté de la charia de Médine, il s'est lancé dans un militantisme effréné pour promouvoir l'idéologie islamiste, celle des wahhabites saoudiens. Il est arrivé au Danemark à la fin des années 1990. Il a réussi à obtenir une carte de séjour pour des raisons humanitaires. En effet, cet homme, qui a fait le tour du monde pour dénigrer le Danemark, a été reçu dans ce pays, qu'il considère aujourd'hui comme « raciste et xénophobe », en raison de l'état de santé de son fils. Ce dernier possède un handicap très lourd et son état nécessite une prise en charge particulière et des soins appropriés.

Bien qu'il soit devenu l'imam de la mosquée d'Aarhus, un lieu de regroupement de militants intégristes, les autorités danoises refusent de l'expulser, prenant en considération la maladie de son fils. Slimane Hadj Abderrahmane, le Danois arrêté en Afghanistan et détenu à Guantanamo, fréquentait justement la mosquée dirigée par Raed Hlayhel.

Abou Laban me conseille aussi d'aller voir, de sa part, Abdelwahid Pedersen, ce Danois converti qui l'a aidé, en 1984, à s'installer au Danemark. L'homme est à la tête d'une « association humanitaire » et sait parler aux médias. Les imams danois aiment le mettre en avant pour montrer que leur « cause est défendue également par de vrais Européens ».

Quand nous sommes allés au siège de Muslim Danish Aid, « l'association humanitaire » qu'il dirige, Abdelwahid Pedersen était informé de mon arrivée. Sachant que j'étais d'origine algérienne, il m'a immédiatement questionné sur l'évolution de l'islamisme en Algérie. J'ai fait en sorte de le rassurer et de lui tenir le discours qu'il aimait entendre. À travers son association, Pedersen avait soutenu plusieurs islamistes algériens appartenant au Front islamique du salut (FIS) au lendemain de l'interruption du processus électoral et du début des violences. Plusieurs intégristes, recherchés en Algérie, s'étaient alors réfugiés dans les pays scandinaves, dont le Danemark.

Lors de l'interview que j'ai réalisée de lui, Pedersen a insisté sur le fait que ses ennemis n'étaient ni les juifs ni les chrétiens, mais plutôt « les athées et les laïcs ». Étant musulman laïc, je savais désormais que j'étais face à quelqu'un qui me considérait comme son « ennemi » alors qu'il avait fait ma connaissance dix minutes auparavant.

Le soir même, Abdelwahid Pedersen organisait une « conférence » avec, dira-t-il, « un prestigieux invité ». Il me conseillera de venir y assister. Ce que je fis avec les membres de l'équipe de tournage. J'étais curieux de savoir qui allait venir discourir.

En fin d'après-midi, accompagné par un des hommes d'Abou Laban, un Marocain qui n'a pas cessé de me ressasser que « tous les mécréants iront en enfer », je me suis rendu à la salle de conférence louée par les islamistes pour abriter cette manifestation. À peine arrivé, j'ai compris que le public était acquis à un islam fondamentaliste. Abdelwahid Pedersen attendait visiblement un conférencier de taille. Les femmes, toutes voilées et séparées des hommes, semblaient impatientes d'accueillir l'orateur. On nous a naturellement rappelé qu'il était « préférable de ne pas filmer » les représentantes du sexe faible. Ce que naturellement nous ne fîmes pas...

« Qui est l'invité ? », nous sommes-nous empressés de demander. « C'est le cheikh Hamza Youssef », répond l'un des collaborateurs de Pedersen, non sans insister sur le fait que l'homme qu'on allait écouter était « le plus important et le meilleur orateur aux États-Unis, en Europe et au Moyen-Orient ». Avant de conclure : « On peut dire que c'est une véritable légende dans l'islam. »

Quelle chance ! Nous allions assister au discours d'une légende vivante. Hamza Youssef est effectivement très connu et respecté dans les milieux islamistes. Son véritable nom, c'est Mark Hanson ; il est américain. Né à Washington, en 1960, dans une famille protestante, il a néanmoins vécu en Californie où, en 1977, il se convertit à l'islam à la suite d'un accident de la route qui a failli lui coûter la vie.

Après sa conversion, il décide d'entamer une série de voyages dans le monde arabe afin d'apprendre la langue et la théologie. Au fil des années, il se met à écrire des livres et à enregistrer des conférences dans un but prosélyte. Pour les musulmans américains, cet homme est une véritable star. Chacune de ses apparitions provoque une ferveur et ses conférences se font à guichets fermés. Il a adopté le style des télévangélistes américains qui sont invités régulièrement dans des show télévisés pour « prêcher la bonne parole ». Hamza Youssef est une sorte de clone idéologique de Tariq Ramadan : même attitude rassurante, même discours sophistiqué, même ambiguïté de la pensée.

Pendant l'affaire des caricatures, Hamza Youssef a fait un tour du monde pour expliquer qu'« il ne fallait pas insulter les musulmans ». Et c'est tout naturellement qu'il s'est retrouvé à Copenhague pour évoquer le sujet devant un public totalement acquis à ses thèses.

Hamza Youssef rassure avec des petites lunettes d'intellectuel et un ton paternaliste, il va, au bout de quelques phrases, montrer son discours et la nature de son combat.

Après avoir longtemps commenté la publication des caricatures par le *Jyllands-Posten*, il s'empresse de faire le parallèle entre ces dessins et des caricatures faisant l'apologie de la négation de l'Holocauste. Il évoquera à ce propos la condamnation qui a visé un négationniste britannique en estimant que l'écrivain n'avait rien fait de mal – « Il a juste écrit un livre qui était visiblement bien documenté pour dire que cela [l'Holocauste] ne s'est pas passé » –, avant de se demander pourquoi les caricatures danoises ne sont pas vues « comme un acte criminel d'incitation à la haine ».

L'Holocauste revient effectivement très souvent dans la rhétorique des islamistes. Les négationnistes ne les dérangent pas et ils mettent souvent sur un pied d'égalité la contestation d'un fait historique avéré et la légitime critique de la religion. En véritable tribun, Hamza Youssef terminera sa conférence en jouant entre l'émotion et les menaces à peine voilées. Il lancera à l'assistance : « Je veux dire au peuple danois que je suis désolé de voir son drapeau profané... Mais ce qui a été fait par ces journaux est bien pire, dans le cœur des musulmans, que de se faire cracher dessus. Il y a même des musulmans qui préfèrent se faire tuer que de voir leur Prophète se faire dénigrer. C'est absolument vrai. »

Le message est très clair et il est bien passé. À la fin de la conférence, le public est ravi. Hamza Youssef quitte la salle comme une rock star. Il est salué par tout le monde, avant de partir à bord d'une limousine continuer son parcours de prédicateur...

Cinq mois après la publication des caricatures, la lutte semble continuer et les islamistes ne se sont jamais sentis aussi forts. La société danoise fait profil bas et ne sait plus quelle attitude adopter sans risquer de se faire menacer. Faut-il renoncer à ses valeurs, ses traditions et ses habitudes pour plaire aux islamistes ? Ou faut-il essayer de leur résister, quitte à subir leurs insultes, leurs menaces et leurs intimidations ? Je crois que ce sont là de vraies questions que l'Europe et l'ensemble du monde occidental doivent se poser. Il ne faudrait surtout pas laisser ce type de sujets sans réponses et permettre ainsi aux tenants de l'extrême droite de s'en emparer. Ce serait là une catastrophe !

Les islamistes semblent avoir réussi à faire trembler les sociétés européennes. Ils semblent aussi décidés à maintenir la pression. Sachons-le...

De retour au siège d'Abou Laban, je fais part à l'imam de ma satisfaction du programme qu'il a eu « la gentillesse » de me concocter. Visiblement, j'ai gagné sa confiance et il est prêt à m'en montrer plus. Il me propose, probablement pour frimer, de le suivre à une émission de télévision qu'il aurait lui-même organisée.

Serait-il un véritable propagandiste ? À l'évidence, oui.

Abou Laban tient à me présenter également Ahmed Akkari, celui qui joue le rôle de porte-parole du « Comité européen pour la défense du prophète Mahomet ». En voyant Akkari, je ne peux m'empêcher d'avoir un regard complice en direction de mes collègues, non sans me retenir de rire aux éclats, tant le personnage ressemble, dans sa gestuelle, sa voix et son allure, au comique Régis Laspalès lorsque celui-ci se produit sur scène. Je tiens d'ailleurs à m'excuser auprès du comédien, pour lequel j'ai beaucoup de respect, pour cette comparaison tout en le rassurant : il existe entre lui et Ahmed Akkari une différence de taille. Ce dernier n'a, contrairement à l'artiste, aucun talent. Cela pour l'anecdote.

Pour l'émission de télévision, il devait y avoir Ahmed Akkari, Raed Hlayhel, Abou Laban et Ahmed Harbi, l'islamiste norvégien qui a joué un rôle important avec l'ambassade d'Égypte à Copenhague.

Quelles sont les réelles motivations de ces islamistes ? Quels sont leurs objectifs ? C'est en effectuant le trajet entre l'association et le plateau de télévision que le vrai visage de ces personnages va enfin se révéler à moi. Mes collègues et moi avions décidé de filmer discrètement et en caméra cachée les imams dans les voitures qui nous emmenaient vers le lieu de l'enregistrement de l'émission.

J'ai pris place dans une voiture aux côtés d'Ahmed Akkari, Ahmed Harbi, Raed Hlayhel et un autre homme qui travaille comme chauffeur au sein de l'association ; mes collègues, eux, sont montés avec Abou Laban et Ahmed Kasem, le chargé des médias et conseiller politique au sein de l'association.

Tous ces hommes qui se défendent publiquement de faire de la politique n'ont parlé que de cela durant le trajet. Devant moi, Ahmed Akkari ne s'empêchait pas de montrer sa satisfaction devant les résultats de l'effervescence qu'ils avaient créée. Il s'adressera à Raed Hlayhel en disant : « J'ai entendu les excuses du Premier ministre. Il a dit qu'il regrettait en son nom, au nom du gouvernement et du peuple danois pour l'offense faite aux musulmans. Maintenant, il faut faire un communiqué de presse pour l'encourager. »

Raed Hlayhel rebondit immédiatement : « Oui ! Nous devons saisir l'occasion... »

Akkari, sur sa lancée, précisera qu'il faut que les excuses de Fogh Rasmussen parviennent à « l'ensemble du monde musulman ».

Hlayhel enfonce le clou en affirmant sans sourciller : « Je pense que la pression doit continuer afin d'obtenir un effet de haine contre le journal, si Dieu le veut. »

Favoriser un climat de haine contre le *Jyllands-Posten*, c'est l'objectif clairement avoué par les imams danois. À partir de là, pour moi, l'objectif de ces hommes ne souffrait aucune ambiguïté. Mais je n'étais pas au bout de mes surprises. Ahmed Akkari n'hésite pas à aller encore plus loin, en évoquant le sort qui pourrait être réservé au député danois de confession musulmane, Naser Khader, qui n'a pas cessé de critiquer et de dénoncer l'action des imams et leur idéologie.

Akkari précisera à son sujet : « S'il [Nasser Khader] devient ministre chargé des étrangers ou ministre de l'intégration, ne faudrait-il pas que deux [mecs] aillent le voir pour le faire exploser, lui et son ministère. »

C'est cette phrase qui, après la diffusion du reportage en mars, relancera la polémique au Danemark. Pour se défendre, Akkari arguera qu'il était « en train de plaisanter ». Drôle de plaisanterie pour des gens qui n'ont pratiquement pas d'humour !

Dans l'autre voiture, la discussion était du même acabit. Ne sachant pas qu'ils étaient filmés et profitant du fait que mes deux collègues ne comprennent pas l'arabe, Abou Laban et son collaborateur ne cesseront pas d'aiguiser leur stratégie. À un moment donné, l'imam sexagénaire évoquera « un attentat suicide ». Mais nous n'aurons pas la possibilité d'en savoir plus. Diffusé sur la chaîne danoise, cet extrait fera également grand bruit. Pour s'en défendre, Abou Laban dira aux journalistes danois qui l'ont interrogé que c'était là « une simple métaphore ».

« Plaisanterie » et « métaphore ». Désormais, j'apprendrai à rire avec les islamistes en usant de calembours du même ordre !

Je m'apercevrai également que le studio de télévision a été payé par l'association d'Abou Laban. L'émission en question devait être enregistrée avec un présentateur égyptien, invité par l'ambassade d'Égypte à Copenhague. Ce dernier reçut d'ailleurs des mains du collaborateur d'Abou Laban une enveloppe remplie de billets de banque. Contre quel service ? Je ne le saurai sans doute jamais.

Pendant une heure et demie, ces islamistes ont déversé leur haine sur le Danemark face à un journaliste égyptien complaisant. L'émission devait être diffusée une semaine plus tard, fin février, à une heure de grande écoute.

À ce stade, mon enquête était terminée. Il n'y avait plus rien à découvrir de plus ahurissant. Cinq mois après la publication des caricatures par le *Jyllands-Posten*, les islamistes étaient décidés à « faire plier le Danemark » et probablement, au-delà, l'ensemble des pays européens.

Avant de quitter Copenhague, j'ai voulu rendre une dernière visite à Abou Laban au siège de l'association. C'était certainement la visite de trop. À peine arrivé, des collaborateurs d'Abou Laban, qui jusque-là m'accueillaient avec le sourire, m'interpellent méchamment.

Sans détour, l'un d'eux me dira : « Ce que tu as filmé, ce que tu as écrit ou les paroles que tu as enregistrées, si jamais il y a des choses négatives sur nous, ce ne sera pas bien pour toi et ce ne sera pas bien pour tes amis non plus. C'est un conseil que je te donne parce qu'il paraît que tu as déjà fait des rencontres avec des gens ailleurs et ça s'est mal passé. » J'ai très vite compris que ces intégristes avaient découvert mon objectif. Ils savaient désormais que je réalisais une enquête sur eux. J'apprendrai qu'un islamiste, de passage dans l'association, m'avait reconnu et les avait informés sur mes précédentes enquêtes journalistiques.

Malgré tout, j'ai gardé mon calme en précisant à mon interlocuteur, qui devenait vraiment menaçant, qu'il y avait certainement une méprise.

Ayant introduit le doute, probablement par l'attitude passive que j'ai adoptée – je n'avais d'ailleurs pas le choix –, le collaborateur d'Abou Laban se contentera finalement de me réitérer son souhait : « Il faut que tu transmettes une idée positive et non pas quelque chose qui soit contre nous. Je préfère être clair. »

À l'évidence, ces hommes n'hésitent pas à intimider les journalistes. Les menaces étaient claires et les mises en garde aussi. Une fois l'orage passé, nous nous sommes isolés, mes collègues et moi-même, avec l'homme qui nous menaçait, cinq minutes auparavant. Quelque peu rassuré par mon attitude, l'assistant d'Abou Laban accepte alors de me livrer son analyse de la situation. Ainsi me dira-t-il : « Chacun maintenant en Europe commence à revoir son point de vue sur les musulmans. Ce petit groupe présent au Danemark a réussi à lancer cette affaire et il a pu faire tout ce vacarme. Sachant qu'au départ des gens se disaient qu'ils pouvaient nous gifler et ensuite nous baiser. Dieu merci, le groupe a résisté et l'affaire a pu avoir cette dimension. » Cet homme venait de me confirmer ce que d'aucuns savaient déjà : l'affaire des caricatures a été amplifiée et instrumentalisée par un groupe d'intégristes danois. Mais le collaborateur d'Abou Laban n'oubliera pas de me préciser qu'il existe également au Danemark des gens prêts à passer à l'action, « les gens du djihad », comme il les appelle.

Il m'a précisé également que le groupe d'Ahmed Abou Labane appartient à l'une des mouvances les plus dures et les plus radicales de l'islam politique : la salafisme, tendance « Frères musulmans ».

Mon enquête était bel et bien terminée, désormais je pouvais rentrer à Paris et préparer la diffusion du reportage.

5

Au Danemark, les islamistes se défendent bien !

Le 23 mars 2006, l'émission *Envoyé spécial* sur France 2 et la télévision danoise TV2 diffusaient simultanément l'enquête que j'avais réalisée. Je m'attendais à des réactions, mais j'étais loin de me douter de l'importance qu'allait prendre ce reportage au Danemark.

À peine la diffusion était-elle terminée que mon téléphone a commencé à sonner sans interruption. Tous les journalistes danois souhaitaient m'interviewer. Ils voulaient en savoir plus, d'autant que le Premier ministre, Anders Fogh Rasmussen, avait demandé à ses services d'ouvrir une enquête sur les imams à la suite des déclarations qu'ils avaient faites au cours de mon reportage.

Ce jour-là, les islamistes danois étaient à Manama, capitale du Bahreïn, pour participer à une conférence sur l'affaire des caricatures. Ils avaient pris part à une sorte de grand-messe de l'islamisme international. Abou Laban et ses amis avaient été mis au courant par leurs adeptes de la diffusion du reportage, et plusieurs journalistes les ont contactés pour leur demander de s'expliquer sur leurs propos tenus. Selon les journalistes, les imams étaient pour le moins « furieux ».

Après un moment de flottement, Ahmed Akkari fut chargé par ses acolytes de réagir. Il s'empresse alors de rendre public un premier communiqué niant le fait qu'il m'avait rencontré ou qu'il avait rencontré des journalistes français. Il n'avait pas pu regarder le reportage et il ignorait donc les images qui avaient été diffusées, notamment celles filmées en caméra cachée. Après avoir réalisé sa bévue, Akkari décida de faire une seconde déclaration pour essayer de minimiser la portée des paroles tenues par les autres imams et lui-même, non sans m'accuser d'avoir « manipulé leurs propos », de « travailler pour les services secrets français », et en me traitant naturellement de « mécréant », etc. Bref, la « riposte » fut celle habituellement utilisée par des islamistes qui se font prendre la main dans le sac.

Mais, dans cette affaire, ce qui m'a le plus étonné, c'est l'attitude de la police danoise. En effet, dans les jours qui ont suivi la diffusion de l'enquête, les services de renseignements danois ont tenu à adresser leurs « félicitations aux imams » salafistes. C'était une manière de les rassurer, d'autant plus que la réaction de la société et des partis politiques au lendemain de la diffusion du reportage avait été très virulente.

Cet hommage rendu aux islamistes est d'autant plus bizarre qu'il intervient alors à une période où les douze caricaturistes sont désapprouvés par une partie de l'élite et des intellectuels. Ils vivent cachés et plus personne, ou presque, n'ose leur apporter son soutien.

À ce propos, les choses sont allées très loin. Des écrivains et des artistes danois, financés par des entreprises privées, ont voulu organiser, à Aarhus, une énorme manifestation « pour la tolérance, le respect et le dialogue ». Cette rencontre devait permettre aux Danois de condamner officiellement les douze caricatures publiées par le *Jyllands-Posten*. Aussi incroyable que cela puisse paraître, les organisateurs voulaient apporter leur soutien à l'action des imams.

Pour Søs Egelind, une comédienne très connue en Scandinavie, qui a parrainé l'événement, la réputation de « racistes faite aux Danois est bien méritée ». Visiblement, certaines personnes ont du mal à tirer les enseignements de l'Histoire.

Pour certains Danois, ce serait moi le « provocateur » en ayant décidé de réaliser un travail journalistique qui visait à montrer le vrai visage de ces islamistes. D'ailleurs, depuis que je travaille sur le dossier de l'islamisme, n'ai-je pas tout entendu ? Ne m'a-t-on pas accusé, entre autres, d'être un « islamophobe » ? Sans oublier que je suis soupçonné de « rouler pour les services secrets algériens », mais aussi pour les « services français », voire même les services israéliens. Ne dit-on pas dans certaines rédactions européennes que je suis un « personnage controversé », sur des sites Internet que j'aurais « déjà assassiné un islamiste », j'en passe et des meilleures ? Fouad Allaoui, le secrétaire général de l'UOIF n'a-t-il pas écrit dans un communiqué de presse que j'étais « connu pour mon hostilité à l'égard des symboles de la religion musulmane » alors que de toute ma carrière je n'ai fait que critiquer ou enquêter sur les « symboles » de l'intégrisme et du terrorisme. Mais considère-t-il peut-être que Ben Laden et Zarkaoui sont des symboles de la religion musulmane ? La pauvreté du débat n'est pas dans le fait que des islamistes accusent leurs détracteurs de tous les maux. Ces derniers, pourrais-je dire, sont dans leur rôle, et je comprends que les musulmans opposés à leur idéologie les gênent profondément dans leur démarche. La pauvreté du débat réside dans le fait que des esprits « de gauche », mais aussi « de droite », osent insulter les musulmans qui dénoncent l'intégrisme. Un chrétien ou un juif qui dénonceraient leurs intégristes seraient considérés comme des progressistes, et les musulmans qui font de même avec les leurs seraient ainsi des salauds !

Pour moi, cela n'est autre chose qu'une forme déguisée de racisme. Et je pèse mes mots, parce qu'en réalité dès qu'un musulman sort de la case dans laquelle il est censé rester il devient un « islamophobe ». Pour certains pseudo-intellectuels français type Alain Gresh, ancien rédacteur en chef du *Monde diplomatique*, ou autres pseudo-chercheurs du CNRS, un musulman doit centrer sa vie exclusivement sur l'idéologie islamiste, sinon il est forcément « soupçonnable » ou bien de malhonnêteté intellectuelle ou alors de renoncement à son identité et à ses valeurs. Parce qu'on estime finalement, peut-être, que l'identité et les valeurs d'un musulman sont celles qui sont contenues dans les discours de Tariq Ramadan, d'Abou Laban et consorts.

L'attitude de certains Danois devant l'affaire des caricatures est, je le dis franchement, plus que déplorable. Ceux, parmi les Européens en général et les Danois en particulier, qui ont condamné les caricaturistes du *Jyllands-Posten* n'ont jamais jugé utile de dénoncer les dessins qui tournaient en dérision le Christ, par exemple. Pourquoi ? Seraient-ils athées ou agnostiques ? Pas du tout. Ils sont pratiquement tous attachés, dans le cas des Scandinaves, au christianisme luthérien. N'empêche, ils estiment qu'ils ont la modernité, le développement, l'instruction et l'ouverture d'esprit qui leur permettent de sourire face à une caricature ; alors, de leur point de vue, la pauvreté intellectuelle, l'intolérance et la régression qui caractériseraient les musulmans ne permettent pas à ces derniers de comprendre ce qu'un Occidental peut, lui, apprécier. Si cela n'est pas du racisme, ça y ressemble presque...

Un journaliste danois très connu, parce qu'il est le directeur de la rédaction du *Politiken,* m'avait donné comme argument pour son opposition à la publication des caricatures le fait que « les musulmans sont à terre et qu'on n'achève pas des gens à terre ». Cet homme, un intellectuel, dit-on, au Danemark, est de gauche. Et voilà comment il voit ceux qui croient au message du Coran ! Mais en réalité ne voulait-il pas tout simplement dire : « Les musulmans sont à terre, enfonçons-les » ?

Résultat d'un raisonnement aussi simpliste et méprisant : au Danemark, plusieurs hommes politiques, des intellectuels et des universitaires ont préféré condamner les caricaturistes et le journal, estimant qu'une « offense » avait été faite aux musulmans.

Cela au moment où Abou Laban et ses amis savouraient leur victoire, parce que c'en est une, sans formuler la moindre autocritique ni le moindre regret sur quoi que ce soit. Les « défenseurs du Prophète » sont forcément dans le droit chemin devant le comportement d'un monde occidental « mécréant et déviant ».

D'ailleurs, la police danoise n'a pas hésité à me demander « les cassettes du tournage » pour vérifier si je n'avais pas manipulé les déclarations des imams. Je laisse tout un chacun imaginer la violence de la réponse qu'ils ont reçue de ma part. De plus, j'avais toutes les raisons d'être furieux parce que j'avais constaté, entre autres choses, que ces services de police étaient dans une démarche qui visait certainement à compliquer l'affaire. Et c'est là un euphémisme.

Ils avaient prétendu, par exemple, que je m'apprêtais à leur « remettre toutes les cassettes » des images tournées au Danemark alors que je n'avais eu, à l'époque de cette déclaration, aucun contact de quelque nature que ce soit avec eux. Je me suis empressé de demander au producteur du reportage de cacher les rushes en lieu sûr. Sait-on jamais !

Aujourd'hui, certains hommes politiques de gauche au Danemark estiment que les imams ont rendu un « grand service à la nation en apaisant la situation ». Attitude très proche de celle exprimée par Ahmed Abou Laban, qui estime que le pire a été évité grâce à lui et à ses frères. Il a d'ailleurs affirmé : « J'aurais pu inciter à la rébellion, j'aurais pu transformer le Danemark en enfer. » Les Danois devraient continuer de le remercier de les avoir juste fait entrer au purgatoire. Peut-être pourrait-il leur promettre, si une autre occasion se présente, cette fois-ci de leur faire visiter l'enfer que réservent les islamistes à leurs ennemis. Chose que je ne leur souhaite naturellement pas !

Pourtant, les autorités danoises ont certainement obligation de demeurer très vigilantes durant les quelques années à venir. Les islamistes n'oublieront jamais l'affaire des caricatures. D'ailleurs, le 4 mai 2006, Hamid Mir, un journaliste pakistanais généralement bien informé, annonçait dans un article que douze terroristes avaient été recrutés par al-Qaida pour assassiner les caricaturistes. Selon le journaliste, ils seraient en route pour le Danemark. Douze tueurs pour autant de dessinateurs. L'information semble a priori fantaisiste. Il ne s'agit pas là d'un mode opératoire classique chez les terroristes, qui ne peuvent pas laisser filtrer, dans la presse, autant de détails. Généralement, ce type d'opération, si elle venait à être conçue, se déroulerait dans la plus grande discrétion. N'empêche, si les services secrets danois ont accueilli cette annonce avec scepticisme, l'information a tout de même provoqué une certaine psychose au Danemark. Les caricaturistes ont été placés sous étroite surveillance et certains d'entre eux ont même quitté leur domicile. La police leur a conseillé la plus grande prudence.

Mais ce qui est bon pour la sécurité est mauvais pour des artistes ou des journalistes, dont la carrière dépend aussi des contacts. Selon plusieurs sources, certains des caricaturistes ont des soucis financiers, d'autres sombrent dans la dépression. En plus de vivre cachés et sous protection policière constante, quelques-uns doivent aussi faire face à une baisse de revenus. Mais ce qui semble les avoir sérieusement atteints, c'est l'attitude d'une partie de l'élite danoise qui préfère aujourd'hui les critiquer et épargner les intégristes.

Au pays des Vikings, les organisations de journalistes, d'écrivains et d'artistes sont, dans la plupart des cas, restées silencieuses. Cela s'explique en partie par le fait que la majorité de ces organisations est de « gauche » ou « d'extrême gauche » et est opposée idéologiquement au *Jyllands-Posten* et à sa ligne éditoriale jugée « politiquement incorrecte ».

Mais l'aspect idéologique n'est pas le seul à être à l'origine de ce silence. Il y a également la peur. Une crainte alimentée par les menaces répétées et la passivité des autorités, et notamment de la police, qui semble bien impuissante face au danger idéologique que représente l'islamisme. En effet, les imams ne déposent pas de bombes, ils ne tuent pas directement mais insidieusement ; leur discours et leur attitude inciteraient des jeunes, excités et conditionnés par plusieurs mois de crise, à passer à l'action.

Ahmed Abou Laban et ses amis se présentent comme une sorte de rempart face au terrorisme et la police danoise se sent obligée de composer avec eux. Cette situation fait naturellement le bonheur des islamistes, qui continuent d'entretenir un climat totalement malsain en brandissant désormais une sorte d'épée de Damoclès sur la tête de la société danoise.

Deux jours après la diffusion de mon enquête, l'inspecteur en chef des services de renseignements danois, Hans Jørgen Bonnichsen, accordait une interview au *Jyllands-Posten* dans laquelle il se félicitait de l'attitude des imams. « À mon avis, dira-t-il, ils ont contribué à consolider notre sécurité intérieure, à maintenir le calme, et ils n'ont eu qu'une influence positive sur la situation. Ils ont beaucoup de contacts, et les musulmans les écoutent. »

Pour ce haut fonctionnaire, les imams ont prêché le calme et l'ordre, et ont adressé un message à la communauté musulmane, lui demandant de « ne pas recourir à la violence mais uniquement à des moyens démocratiques ». Le responsable des services de renseignements danois a critiqué la façon dont les imams ont été traités, estimant qu'ils avaient été « diabolisés ». Le même article affirme clairement que les services de renseignements danois et les imams ont commencé à coopérer un an et demi avant le déclenchement de l'affaire des caricatures, et qu'il y a eu des contacts réguliers entre un groupe de quinze imams et les hauts responsables de la police. À lire les déclarations de cet inspecteur en chef des services de renseignement danois, il ne s'est donc absolument rien passé, durant six mois, au royaume du Danemark...

Hans Jørgen Bonnichsen a ainsi clairement affirmé que certains des imams coopéraient avec les services de renseignements, sans révéler les noms des imams. Mais selon le *Jyllands-Posten* le policier parlait, entre autres, d'Ahmed Akkari, d'Abdelwahid Pedersen et d'Abou Bashir. D'après le quotidien, seul Abou Laban ne serait pas concerné par cette troublante relation entre les « services » et les imams.

Contre toute attente, les islamistes n'ont pas voulu démentir cette déclaration, ils l'ont même accueillie avec fierté, estimant que les autorités danoises leur avaient rendu hommage en révélant cette information.

L'agenda du responsable des services de renseignements laisse perplexe. De mon point de vue, le timing qu'il a choisi pour faire sa sortie médiatique n'est pas dû au hasard. En effet, deux jours avant ces déclarations, c'est-à-dire le 23 mars, les télévisions danoise (TV2) et française (France 2) diffusaient l'enquête que j'avais réalisée.

Le reportage contenait pourtant plusieurs informations intéressantes mais aussi incontestables puisque ces imams se sont condamnés par leurs propres propos et non pas par des déclarations que je leur aurais attribuées sans preuves : les paroles de Raed Hlayhel : « Je pense que la pression doit être maintenue », celles d'Ahmed Akkari où il menaçait le député Naser Khader et enfin celles d'Abou Laban sur une éventuelle « opération kamikaze » sont autant de déclarations qui auraient dû pousser le responsable de la Sécurité à plus de retenue. En réalité, il a certainement voulu calmer les imams et les rassurer, espérant peut-être les récupérer. C'est méconnaître les tenants de l'intégrisme. Tous ceux qui ont voulu, par le passé, instrumentaliser les islamistes se sont cassés les dents.

Pourquoi décider de rendre hommage à des islamistes qui tiennent ce genre de propos en privé, qui font ressortir leur pensée profonde parce qu'ils ignoraient qu'ils étaient filmés ? Quel est le deal, parce qu'il y en a un, passé entre ces islamistes et les services de renseignements danois ? Pourquoi ces mêmes services de renseignements ont-ils affirmé qu'ils étaient en contact avec moi pour récupérer les cassettes alors que cela est totalement faux ? À quel jeu dangereux jouent-ils ? Autant de questions qui resteront certainement très longtemps sans réponses...

Dans une interview que j'ai accordée au quotidien danois *Politiken,* cinq jours après la diffusion de mon reportage, j'ai essayé d'expliquer que je n'avais jamais « affirmé qu'Abou Laban ou Ahmed Akkari étaient eux-mêmes des terroristes – dans le sens où ils poseraient eux-mêmes des bombes. Ils sont ce qui est peut-être pire : les idéologues qui fournissent à de jeunes fous les bonnes excuses et les fondements idéologiques pour mener une action terroriste au Danemark. »

Réagissant aux affirmations de l'inspecteur en chef des services de renseignements danois, selon lesquelles les imams auraient été d'une grande aide pour les autorités danoises, j'ai simplement affirmé que ce genre de déclarations signifiaient que « les imams ont réussi à jeter de la poudre aux yeux des services de renseignements, et dans ce cas ces services sont très naïfs. Soit, et je suis plus enclin à le croire, ces services veulent calmer les gens, même s'ils savent qu'il existe une autre vérité. »

En réalité, je penche plutôt pour la seconde hypothèse, tout en continuant à penser que les autorités danoises sont en train de jouer à une sorte de billard à trois bandes, un jeu très malsain. Ils oublient que l'attitude triomphaliste des intégristes qu'ils abritent risque de donner quelques idées à d'autres islamistes installés dans les autres pays européens.

Quand bien même ces intégristes agiraient d'abord à travers le discours et l'action politicienne, l'allusion à la violence n'est jamais loin dans leur esprit, comme l'a d'ailleurs confirmé Ahmed Kasem, l'un des collaborateurs d'Abou Laban, dans une interview accordée à un journal danois. « Désormais, il ne sera pas difficile de trouver des musulmans danois qui se sacrifieront volontairement pour des actes de terrorisme ici, dans ce pays. Je suis certain que beaucoup se porteront volontaires », dira-t-il sans sourciller.

Cette déclaration a été faite après qu'Ahmed Abou Laban eut brusquement annoncé qu'il en avait assez du Danemark et qu'il se préparait à s'installer à Gaza. Quelques jours plus tard, il se rétractait soudainement et préférait ne pas tenir la promesse qu'il venait de faire à la société danoise.

Interrogé sur l'information qui faisait état de l'existence d'une sorte de « liste de la haine », dressée par Abou Laban et ses hommes, le collaborateur de l'imam répondra sans trembler qu'une liste de « gens à haïr au Danemark » existait bel et bien. « Le numéro un sur cette liste est le ministre des Affaires religieuses, Bertel Haarder », tiendra-t-il à préciser. « Parce qu'il a été le premier à soutenir la publication des caricatures et qu'il mène la guerre contre l'islam », dira-t-il en guise d'argument, en précisant que la liste contient également le député Naser Khader, le Premier ministre, Anders Fogh Rasmussen, et la présidente du parti d'extrême droite, Pia Kjaersgaard.

Malgré ces déclarations, dont tout un chacun pourra apprécier la nature, la police danoise se refusera de réagir.

À la suite de mon enquête, je savais que les islamistes danois n'allaient pas m'épargner. Trois jours après la diffusion du reportage, ils ont publié ma photo sur leur site Internet en précisant que j'étais « un traître à la solde des mécréants ». Je tiens à préciser que, pour des islamistes, une telle déclaration n'est pas autre chose qu'une condamnation à mort. Pour les intégristes musulmans, c'est là une question idéologique, toute personne de confession musulmane, considérée, par eux, comme un « traître » doit subir la peine de mort. Il n'y a sur cette question, que beaucoup en Europe veulent minimiser, aucun doute et la démarche idéologique des islamistes ne souffre aucune ambiguïté. Je ne fais pas là dans le discours « victimaire ». Si j'évoque cet aspect, c'est en quelque sorte pour inciter les législateurs et les hommes politiques à réfléchir sur la manière avec laquelle nos sociétés pourraient agir pour contrer les subtilités de l'idéologie islamiste.

Durant la prière du vendredi 31 mars 2006 à la mosquée de Grimhøjvej, l'imam salafiste Raed Hlayhel a présenté une liste encore plus longue d'ennemis, affirmant à ses fidèles que l'affaire des caricatures a montré la séparation nette entre « le

Bien et le Mal ». Côté Mal, il cite le rédacteur en chef du *Jyllands-Posten*, Carsten Juste, les caricaturistes, les imprimeurs, et même les distributeurs de journaux. Mais aussi le procureur danois Henning Fode, qui a refusé de traîner le journal en justice pour blasphème, Naser Khader et moi-même.

Depuis ce prêche, les menaces contre Naser Khader et sa famille se sont d'ailleurs accentuées et ont atteint un niveau tel qu'il devient très difficile pour ce député de continuer à travailler normalement.

Pour apprécier le langage utilisé par Raed Hlayhel, il faut se rappeler qu'il est un salafiste aspirant à l'islam des origines, tel qu'il imagine qu'il a été pratiqué par le Prophète il y a de cela quatorze siècles.

Étant donné la façon dont Hlayhel parle du Danemark, il considère que le pays est au stade initial d'une voie menant à sa soumission à l'ordre islamique. Il nous qualifie, Naser Khader et moi-même, « d'hypocrites », utilisant une insulte si chère aux salafistes quand ils désignent leurs détracteurs à une sorte de vindicte populaire islamiste.

Dans son prêche, Raed Hlayhel n'a pas fait que menacer ses « ennemis », il a également rendu hommage à ses alliés. Et parmi ces derniers, il a cité le groupe laitier Arla Foods. « Ce que Arla a fait est fantastique, dira-t-il, et je l'en remercie. C'est un coup de poignard au cœur de la société danoise qui a choisi la solidarité avec les caricaturistes et contre les musulmans. » Il a également tenu à honorer et à saluer les services de renseignements danois. « Parmi les non-croyants, certains ont compris comment se comporter en accord avec les lois islamiques », dira-t-il. Échanges de bons procédés...

Aujourd'hui, les vingt-sept associations islamistes agréées au Danemark s'apprêtent à porter plainte contre ce pays scandinave mais aussi contre le *Jyllands-Posten* devant la Commission des droits de l'homme de l'ONU. Malgré un tel comportement, plusieurs Danois comprennent l'attitude des imams...

Par petites touches mais aussi par quelques actions terroristes spectaculaires, les islamistes essayent de nous intimider. Le résultat de ce genre d'actions, qu'elles soient de nature politique ou criminelle, a été conclu pour les islamistes. Même si des courants s'affrontent à l'intérieur de cette mouvance, aux multiples tentacules, les intérêts des intégristes finissent toujours par converger.

6

Prochaine étape, des lois antiblasphèmes ?

Au siège de l'ONU, les représentants de cinquante-sept pays musulmans ont déposé un projet de texte visant à interdire « l'intolérance contre les religions », c'est-à-dire une proposition de lois antiblasphèmes. De même, certains pays essayent de faire accepter à l'ONU un code qui « définirait les limites de la liberté d'expression dans le domaine des symboles religieux ».

Les requêtes présentées par le secrétaire général de l'Organisation de la conférence islamique (OCI), Ekmeleddin Ihsanoglu, au haut représentant de la politique extérieure de l'Union européenne, Javier Solana, donnent un avant goût de ce que sera désormais la revendication majeure des islamistes. Le représentant de l'Union européenne s'est vu demander de faire voter des lois contre « l'islamophobie », ce qui, dans l'interprétation de la conférence islamique reviendrait tout simplement à imposer certains pans de la charia en Europe. Toujours dans le même esprit, le secrétaire général de l'OCI a suggéré à Javier Solana de faire adopter un « code de bonne conduite des médias européens, afin de tenir compte des sensibilités des musulmans ».

Ne faudrait-il pas comprendre qu'il s'agit là d'une tentative visant à domestiquer la presse sur des questions liées à l'islam ? En France, le député Jean-Marc Roubaud (UMP) a déposé, lui, une proposition de loi visant à qualifier « d'injure toute attaque contre les fondements d'une religion, et notamment par le biais de dessins ». Éric Raoult (UMP) lui a emboîté le pas en déposant un projet de loi similaire. Dans les deux cas, l'objectif est clair : limiter la libre expression médiatique, la critique ou la satire sur les sujets religieux.

Éric Raoult, considéré comme un proche de Nicolas Sarkozy, qui a longtemps stigmatisé les populations d'origine étrangère, a été visiblement influencé par les responsables de l'union des associations musulmanes de Seine-Saint-Denis, où il est lui-même maire. Cette démarche, à la veille d'une échéance électorale, vise certainement à endormir les électeurs de confession musulmane et à essayer de capter leurs voix. C'est ce qui s'appelle de la politique politicienne.

Cela étant dit, si toutes ou certaines de ces propositions devaient être acceptées, cela serait une victoire triomphante pour l'ensemble des courants islamistes. Ce serait la fin de tout espoir de voir émerger, dans le monde musulman, une véritable force progressiste et démocratique.

Aujourd'hui, les textes visant à punir les manifestations racistes suffisent largement pour défendre les intérêts des musulmans et des autres minorités religieuses. Faire adopter de telles lois ne servirait pas à combattre le racisme mais à interdire la critique d'une religion et à imposer, dans la législation occidentale, le délit de blasphème uniquement pour la religion musulmane, ce qui ne manquerait pas de donner des idées aux représentants de toutes les autres religions. Et ils seraient alors dans leur droit d'exiger un traitement identique, parce qu'il n'y a aucune raison de réserver à l'islam un traitement particulier.

Disons les choses clairement : si de telles lois venaient à être votées, autant donner les clés de la République aux représentants des différentes religions. Et je crois qu'il est inutile d'en dire plus, tout un chacun, selon ses sensibilités, ayant toute latitude d'apprécier la portée de telles propositions. Pour la France, l'adoption d'une loi antiblasphème serait tout simplement une régression de plus d'un siècle.

En guise de conclusion, il faudra peut-être rappeler un certain nombre de faits. La désormais « affaire des caricatures » représentant le prophète Mahomet nécessite de poser la question relative à l'avenir des relations entre le monde occidental et le monde musulman d'une manière générale, et entre la société française et les musulmans de France en particulier.

Cette affaire a pris une tournure difficilement compréhensible pour l'opinion publique occidentale. Comment un simple coup de crayon peut-il susciter de telles réactions ? Le monde musulman est-il devenu fou ? Au-delà des réponses, il convient d'abord d'expliquer les raisons d'un tel bouillonnement et d'essayer de tirer les enseignements d'une telle affaire.

Pour remettre les choses dans leur contexte, il faut rappeler que la figure du prophète de l'islam revêt une importance de premier ordre dans le monde musulman. Considéré comme « le bien-aimé de Dieu », Mahomet a, depuis l'avènement de l'islam, suscité l'engouement de ses fidèles. Raison pour laquelle sa crainte a toujours été que sa personne ne crée ce que l'islam est venu bannir : la vénération exagérée des prophètes. Pour éviter l'exagération à laquelle on assiste aujourd'hui, Mahomet répétait inlassablement qu'il était un homme entre les hommes.

Malheureusement, la culture prédominante dans les pays musulmans l'a toujours placé à un niveau de vénération qu'il n'aurait certainement pas souhaité occuper. Beaucoup, au Maghreb ou en Orient, ne jurent que par lui, oubliant qu'en théologie musulmane ceci est en soi totalement blasphématoire.

Il est clair que, si le corpus des textes qui régissent l'islam n'interdit pas de manière explicite la représentation de Mahomet, il existe cependant une sorte de consensus entre les différentes écoles juridiques qui interdit, lui, la représentation, sous quelque forme que ce soit, du prophète Mahomet, mais également celle de tous les autres prophètes, des successeurs de Mahomet, de ses épouses, de ses ascendants et de ses descendants, comme est interdite, par ailleurs, la représentation de la divinité. L'islam chiite est moins intransigeant sur cette question et accepte, par exemple, la représentation des petits-fils de Mahomet. D'un autre côté, il existe des représentations persanes et ottomanes du Prophète qui n'ont jamais suscité de troubles. Cela pour dire que la question de la représentation du Prophète n'est pas tranchée et ne représente pas non plus un sujet fondamental en islam. Il existe d'ailleurs des descriptions très précises de Mahomet, notamment dans les livres de la tradition musulmane. On peut y lire : « Rabi'a ibn Abi Abderrahmane [1] a dit : J'ai entendu Anas ibn Malek [2] décrire le Prophète (bénédiction et salut soient sur lui) en ces termes : Il était un homme d'une taille moyenne : ni longiligne, ni trop court ; sa peau affichait une couleur qui n'était ni d'une blancheur éclatante ni brune ; sa chevelure n'était ni crépue ni outrancièrement longue. Il reçut la révélation divine à l'âge de quarante ans et continua à la

1. Théologien musulman appartenant à l'école malékite, en référence à l'imam Malek.

2. Fondateur de l'école malékite, l'une des quatre écoles théologiques en islam.

recevoir pendant dix ans à La Mecque. Puis il s'installa à Médine où la même révélation se poursuivit pendant dix ans encore. Puis il mourut alors que sa barbe et sa tête ne comptaient pas encore vingt cheveux blancs. [1] » Dans une autre description, qu'on pourrait qualifier de complémentaire, il est écrit : « Le Messager d'Allah (bénédiction et salut soient sur lui) avait une large bouche, de vastes yeux et des chevilles plutôt minces. [2] »

Toutes ces descriptions sont, d'une certaine manière, un appel à la représentation, à tout le moins dans l'imaginaire collectif.

Cela étant dit, les foules déchaînées qui défilaient, entre octobre 2005 et février 2006, au cri d'*Allah akbar* de Copenhague au Caire en passant par Gaza, Damas, Djakarta et Beyrouth, ou celles, plus sournoises, qui en France défilaient dans les palais de justice pour sanctionner la liberté de la presse oublient que l'interdit, s'il existe, n'est valable que pour les musulmans soucieux de le respecter. De ce point de vue, comment pourrait-on interdire aux autres ce qui ne l'est que pour soi ? Toute proportion gardée, ceux qui s'élèvent contre ces caricatures pourraient, en usant de la même logique, interdire aux catholiques la consommation du porc, interdire aux athées le droit au blasphème, ou encore faire inter-

1. *Sahih Al-Boukhari*, un livre référence dans l'islam sunnite.
2. *Sahih Mouslim*, une autre référence théologique dans l'islam sunnite.

dire aux banques occidentales l'utilisation des taux d'intérêts. Soyons sérieux, cette levée de boucliers n'avait aucun sens, y compris sur un plan théologique. Elle dénote aussi la fragilité psychologique de beaucoup de musulmans et, d'une manière beaucoup plus dramatique, elle montre le niveau atteint par l'intégrisme.

En son temps, et ceux qui connaissent l'histoire musulmane le savent, Mahomet avait été caricaturé dans ce qui était à l'époque l'arme médiatique absolue : le poème. Plusieurs poètes polythéistes l'avaient, en effet, attaqué en usant, et parfois en abusant, de proses qui étaient loin de faire son éloge. Comment avait-il réagi ? Certainement pas en promettant la mort et des poursuites en justice à ses détracteurs. Malgré la violence de certaines attaques, il a continué son chemin, sûr de sa destinée et confiant dans sa mission. Aujourd'hui, il est certain qu'il n'aurait pas harangué les foules, les appelant à envoyer à l'échafaud quelques dessinateurs de presse, parce qu'il se serait dit, tout comme ce journaliste jordanien alors emprisonné : qu'est-ce qui fait le plus de mal à l'islam, un simple dessin ou un attentat commis au nom de cette même religion ?

Cela étant dit, cette affaire a bel et bien permis d'ouvrir le débat sur la relation entre le monde occidental et le monde musulman. Les tenants du « choc des civilisations » d'un côté comme d'un autre, n'ont pas manqué d'utiliser cette affaire pour se donner raison. Mais en réalité que s'est-il passé ? Avec du recul, l'on s'aperçoit aujourd'hui qu'il y a eu une instrumentalisation tout à fait obscène de cette affaire. Les salafistes européens d'abord, et notamment les réseaux des Frères musulmans, et tous les États ayant un problème avec l'islamisme ont cru bon de récupérer cette histoire pour se refaire, à travers elle, une santé politique. Pouvons-nous penser un instant qu'il puisse y avoir à Damas une manifestation spontanée pour « défendre le Prophète » sans que cette même manifestation ne soit dirigée, encadrée ni décidée par le pouvoir en place ? Nous est-il possible de croire un instant qu'une foule puisse sortir dans les rues de Téhéran pour jeter des cocktails Molotov sur des ambassades occidentales sans l'accord des mollahs ? Et enfin pouvons-nous imaginer un instant que la Ligue arabe, dirigée par le très laïc Amr Moussa, ancien ministre égyptien des Affaires étrangères, puisse faire de la question des caricatures une affaire de première importance si l'objectif réel n'était pas de récupérer la rue arabe, de plus en plus acquise aux thèses islamistes ? Parce que le véritable problème est là : les islamistes du Hamas palestinien gagnent aux élections, les intégristes égyptiens ne cessent d'accroître leur présence au Parlement, l'Algérien Bouteflika gouverne avec ses islamistes, les mollahs iraniens tiennent à avoir leur nucléaire, les dictateurs syriens ne veulent pas rendre de comptes sur l'assassinat du Premier ministre libanais Rafic Hariri, les islamistes européens tiennent à faire accepter leurs projets, etc.

En réalité, l'affaire des caricatures a été pour tout ce beau monde un excellent prétexte, qui a permis aux uns (les gouvernements arabes) de récupérer la rue musulmane, et aux autres (les islamistes européens) de continuer d'exercer une pression constante sur les démocraties.

Nous n'avons jamais vu, ce qui est d'ailleurs consternant, de manifestations d'une telle ampleur dans les rues de Damas ou du Caire à l'issue d'une action terroriste, par exemple.

Il est évident que le monde musulman vit une profonde crise depuis, au moins, une vingtaine d'années. Crise économique, déficit démocratique, chômage, misère, bref, autant d'ingrédients qui favorisent la montée de l'islamisme. La politique de l'Occident, il faut l'avouer, n'a rien fait pour éviter une telle situation et n'est certainement pas préparée à faire face à la montée effrénée de l'intégrisme dans les pays musulmans. Il faut certainement une totale refondation des relations entre l'Europe et le monde musulman.

Que peut-on dire de la politique étrangère menée par la France en direction des pays musulmans ? La moindre des critiques est de constater que la diplomatie française fait preuve, depuis de longues années, d'une mollesse qui caractérise désormais sa politique à l'égard des pays musulmans. Les critiques à formuler en direction de l'Arabie saoudite, responsable d'avoir propagé une idéologie nourricière de terrorisme, continuent d'être timides ; nul ne veut compromettre, par ailleurs, les bonnes relations économiques avec ce « gros » client. Celles à formuler en direction de pays n'ayant pas choisi d'engager un véritable processus démocratique sont taboues, on évite de fâcher Bouteflika ou de provoquer le courroux des monarques arabes. Pourtant, que ce soit la propagation volontaire de l'islamisme ou le déficit démocratique, ces deux questions favorisent le développement d'une pensée intégriste dans la rue musulmane.

S'il est nécessaire de soutenir politiquement, économiquement et militairement les pays musulmans qui luttent efficacement et réellement contre le terrorisme et l'islamisme, il est aussi nécessaire que ce soutien soit la contrepartie d'une ouverture des champs politique et médiatique dans ces mêmes pays. Ce n'est pas parce que le roi de Jordanie, par exemple, combat les terroristes que son régime a le droit d'emprisonner des journalistes. Et ce n'est pas parce que le président tunisien lutte contre l'islamisme qu'il a la latitude de bannir toute expression qui critiquerait sa manière de gouverner. Plusieurs situations ont montré que le musellement des sociétés musulmanes profitait aux islamistes, qui se présentent, très souvent, comme la seule alternative à l'autoritarisme. Les politiques occidentales ont souvent ignoré et méprisé les alternatives démocratiques qui existent dans les pays arabes, favorisant de fait l'alternative totalitaire et donc l'intégrisme musulman. Au nationaliste Nasser, Américains et Britanniques ont opposé les Frères musulmans égyptiens ; à l'OLP de Yasser Arafat, les Israéliens ont opposé les extrémistes du Hamas ; au FLN algérien, la France a opposé les islamistes du MNA [1] ou le courant des oulémas musulmans. Depuis le début du XXe siècle, l'Occident n'a cessé de miser sur l'intégrisme musulman. Les conséquences d'un tel aveuglement ont été souvent désastreuses. L'intervention israélienne au Liban a fait basculer les populations chiites, réputées à l'époque modérées, dans le camp de la radicalité. Ce qui permit l'émergence du Hezbollah !

On voit aujourd'hui le résultat de ces politiques. Une énième guerre israélo-arabe se déroule, une énième intervention américaine semble incontournable et l'émergence de nouveaux mouvements terroristes, de plus en plus probable.

C'est en vertu de ce genre de logique, souvent irresponsable, qu'on laissa la mouvance terroriste mettre sur pied, durant les années 1990, une brigade internationale islamiste en Bosnie ; qu'on minimisa l'importance de l'infiltration des éléments wahhabites en Tchétchénie ; que l'on a accueilli à Londres les tueurs intégristes du GIA algérien ou de la Gamaa islamiya égyptienne.

Il est évident qu'Européens et Américains peuvent accorder leurs violons et agir dans le même sens. La

1. Mouvement nationaliste algérien, dirigé par Messali Hadj.

Maison-Blanche tout comme le gouvernement britannique ne semblent pas encore avoir tiré les conséquences des erreurs du passé. En Irak, on mise sur des chiites soutenus par l'Iran et le Hezbollah libanais pour contrer les terroristes sunnites, à Londres, on discute avec des islamistes « modérés » pour faire face aux projets d'al-Qaida, et les Américains croient qu'en Égypte les Frères musulmans pourraient succéder à Hosni Moubarak.

Jusqu'à présent, c'est le pragmatisme économique qui a dominé. On ferme les yeux sur les pratiques de la monarchie saoudienne en raison de sa puissance pétrolière et de son importance en qualité de « client », en matière d'armement notamment. On prend le risque d'établir des relations économiques et diplomatiques privilégiées avec les pays exportateurs de pétrole et de terrorisme. Pendant ce temps, les courants démocratiques sont laminés, les droits de l'homme sont bafoués et les libertés fondamentales, réduites à néant.

Par conséquent, il est nécessaire de tirer les enseignements du passé et d'éviter surtout que des États susceptibles de représenter, à terme, une menace puissent bénéficier d'aides économiques. Par ailleurs, il devient important de soutenir les courants démocratiques présents dans tous les pays musulmans. Ils sont aujourd'hui incapables d'émerger comme une réelle force politique en raison de la faiblesse de leurs moyens et de la répression qu'ils subissent, très souvent, de la part de leurs gouvernements, qui voient dans la démocratie un danger réel pour la pérennité de leur pouvoir et le maintien de leurs privilèges.

Fin mai 2006, 145 journaux dans 58 pays avaient osé publier les caricatures de Mahomet. Au mois de juin, aucun grand journal américain n'avait publié les dessins ; seuls une quinzaine de journaux régionaux ou des publications de quartier l'ont fait.

Aux États-Unis, où la religion et même l'idéologie sont omniprésentes, on ne plaisante pas avec ces choses-là.

Depuis de nombreuses années, la France, et plus généralement le monde occidental, est frappée par des crises mettant en cause la confrontation des visions occidentale et musulmane de la société.

La publication en Grande-Bretagne des *Versets sataniques* de Salman Rushdie a provoqué la colère de certains musulmans, qui se sont opposés à la diffusion de cet ouvrage. Certains éditeurs de ce livre ont même été agressés, tandis que l'ayatollah Khomeiny lançait une fatwa appelant à l'assassinat de l'écrivain anglais d'origine indienne.

De son côté, le monde occidental a, après quelques atermoiements, réagi fermement en défendant la liberté de création de Salman Rushdie et en le protégeant à grands frais. À l'époque, certains dirigeants occidentaux, comme Jimmy Carter, s'étaient déjà illustrés par leur tendance à la capitulation, tandis que le grand rabbin de Grande-Bretagne avait affirmé – dans un réflexe corporatiste ? – que « le livre n'aurait pas dû être publié » et avait demandé que des lois interdisent les « excès de la liberté d'expression ».

Quelques semaines après la publication des caricatures, des rumeurs faisaient état de « l'exil » du responsable des pages culturelles du *Jyllands-Posten*, le désormais célèbre Flemming Rose. Il serait, selon la vox populi, en route pour les États-Unis, tant les pressions lui sont devenues insupportables. On ne peut s'empêcher de penser à un autre exode d'Européens dans les années 1930, quand d'autres esprits libres ont été contraints de quitter l'Allemagne. Il va de soi qu'aucune autorité danoise n'a émis de reproche à un imam pour ses menaces, directes ou voilées, contre l'ordre démocratique ou contre des individus.

Flemming Rose est toujours au Danemark. Je l'ai rencontré lors d'un séjour que j'ai effectué à Aarhus au courant du mois de juin 2006, et il avait repris ses activités au sein du journal. Lui aussi a été lâché par plusieurs intellectuels danois. Mais son moral d'acier lui permet de tenir le coup. Quand je l'ai vu, j'ai trouvé un homme de conviction, respectueux des musulmans et de leur civilisation, qui n'avait qu'un souci : ne pas subir les affres de la censure ou d'un fascisme d'un nouveau genre.

À l'issue de mon enquête, je n'ai qu'une seule certitude : le groupe des imams danois a bien récupéré l'affaire des caricatures pour tenter d'imposer ses lois et ses règles aux sociétés européennes. Et peut-être aussi cette autre certitude que je me permettrai : les sociétés européennes ne cessent de reculer devant l'avancée de l'hydre islamiste.

Épilogue

À ma grande surprise, le 18 juillet 2006, je recevai une citation directe de la part d'une obscure association qui a décidé de poursuivre devant les tribunaux toutes les publications qui ont fait le choix d'éditer les caricatures danoises. Le prétexte : incitation à la haine. Je préfère ne pas faire de commentaires sur ce genre d'agissement, d'autant plus que ladite association a certainement besoin de publicité qu'elle n'aura point par mon intermédiaire.

Le même jour, mon attention a été retenu par l'action diligentée, après plusieurs mois de silence, par la mosquée de Paris et son recteur, Dalil Boubakeur, contre *Charlie Hebdo*.

Il est reproché à l'hebdomadaire satirique d'avoir mis en vente un « numéro spécial » afin de se procurer un large « succès commercial ». Bien que le numéro en question ait pointé le doigt sur les intégristes, la mosquée de Paris perçoit cette sortie médiatique comme une invective contre l'ensemble de la communauté musulmane précisant que le numéro du 8 février 2006 « se présente comme un acte délibéré d'agression visant à heurter les personnes de religion musulmane dans le rattachement communautaire à leur foi ». Et du coup, voilà les représentants officiels de l'islam de France qui créent eux-même l'amalgame entre idéologie islamiste et religion musulmane. À l'évidence, le recteur de la mosquée de Paris est bel et bien l'otage des islamistes qui l'entourent au sein du CFCM.

Sa démarche, pour le moins inopportune, montre clairement qu'il devait faire quelque chose pour calmer le courroux de ses partenaires « très orthodoxes ».

Dans cette affaire, le recteur de la mosquée de Paris a même fait appel à l'avocat de son ami Jacques Chirac, Francis Szpiner. Il sera aux côtés de Chemseddine Hafiz et Christophe Bigot, un spécialiste du délit de presse.

La mosquée de Paris considère que si ses statuts lui permettent de « défendre l'islam et poursuivre devant les tribunaux quiconque insulte ou injurie explicitement, par insinuation ou par ironie, le dogme de l'islam, son prophète ou la communauté islamique, par racisme ou par intolérance religieuse », elle peut donc s'octroyer le droit d'attaquer une publication dont l'unique but était de critiquer le comportement condamnable des intégristes.

Bien que ce soit ces mêmes intégristes que le

journal satirique a traités de « cons », les avocats de la mosquée de Paris considèrent que cette « injure vise bien l'ensemble de la communauté musulmane ». Deuxième point qui montre que Dalil Boubakeur, connu pourtant pour sa modération, a choisi cette fois-ci de prendre partie pour les tenants de l'obscurantisme. La plainte pointe ainsi le doigt, par exemple, sur cette caricature du *Jyllands-Posten* censée représenter Mahomet sur un nuage accueillant des terroristes se consumant après leur attentat-suicide en leur disant : « Arrêtez, nous n'avons plus de vierges ! » Pour les défenseurs de la mosquée de Paris, il s'agit là d'« une référence explicite à l'un des versets du Coran, selon lequel celui qui accomplit certains actes de foi sera, selon le Coran, accueilli par le Prophète et promis à la compagnie de jeunes femmes vierges ». Cette affirmation n'est ni plus ni moins que scandaleuse. D'abord parce que les représentants de la mosquée de Paris considèrent qu'un attentat-suicide pourrait faire partie de « certains actes de foi » et entretiennent par là-même cette mystification qui laisse croire à certains que semer la mort et la désolation engendrerait, au paradis, le plaisir et la luxure en compagnie de jeunes femmes vierges. Désolant !

À la demande de l'avocat de *Charlie Hebdo*, j'ai décidé d'accepter d'apporter mon témoignage à l'hebdomadaire satirique afin que l'opinion publique ne soit pas induite en erreur et qu'on évite de lâcher les chiens comme on l'a fait au Danemark sur une publication qui a juste eu le tort, mais surtout le courage, de dénoncer, non pas les musulmans, mais les intégristes fachistes qui ternissent les membres de cette même communauté. Je reste convaincu que les caricaturistes visaient des mouvements terroristes comme al-Qaida, des régimes obscurantistes comme l'Iran [1] et certainement pas l'ensemble des musulmans.

S'il est clair qu'on va tenter d'accuser les journalistes et les caricaturistes de *Charlie Hebdo*, de racisme et d'« islamophobie », de quoi pourrait-on alors accuser les musulmans qui ont déjà apporté leur soutien à la publication et qui ne cesseront de le faire ?

La question restera posée certainement pendant quelques mois.

1. Au moment où ce livre part à l'imprimerie, est organisé en Iran un concours de caricatures sur l'Holocauste, se voulant une « réponse » aux caricatures de Mahomet. Il va de soi, comme je l'ai précisé tout au long de ce livre, que cela n'est absolument pas comparable puisque les caricatures de Mahomet sont une forme de critique de la religion dans ses excès alors que « l'exposition » iranienne se moque tout simplement d'un crime contre l'humanité. Le régime iranien, à travers une telle attitude, nous rappelle l'obscurantisme qui le caractérise et le fascisme qui anime sa politique.

Table des matières

Parus aux éditions Privé

Sébastien Fontenelle
Un juge au-dessus des lois, janvier 2005.

Élise Galand et Romain Icard
Suzy contre mon gros loup, janvier 2005.

Monsieur X
Au secours ! Lionel revient, janvier 2005.

Bertrand Delais
Le Pire d'entre nous, février 2005.

Kevin Wells
Ma fille s'appelait Holly, mars 2005.

Guy Benhamou
Le Pacte, avril 2005.

Guillaume Dasquié
Al-Qa'ida vaincra, avril 2005.

Pierre Martinet
DGSE Service Action, un agent sort de l'ombre, avril 2005.

Camille Pouzol
Mon âge, mai 2005.

Jean-Claude Dague
Il ne me reste que l'honneur, juin 2005.

Jim Dwyer et Kevin Flynn
102 minutes, août 2005.

Emmanuelle Guilcher
Signoret, une vie, septembre 2005.

Pierre-Louis Basse
Séville 82, septembre 2005.

Farid Chopel et Brigitte Morel
Farid Chopel, et je danse encore !, septembre 2005.

Claude Ribbe
Une saison en Irak, septembre 2005.

Antoine Casubolo
La Vie rêvée de Pierre Goldman, octobre 2005.

Jean Saint-Iran
Les Cent Semaines, Villepin vu du Quai, novembre 2005.

Cécile Amar et Didier Hassoux
Ségolène et François, biographie d'un couple, novembre 2005.

Claude Ribbe
Le Crime de Napoléon, décembre 2005.

Jean-Michel Verne
L'Affaire Yann Piat, retour sur une manipulation, janvier 2006.

John Paul Lepers et Thomas Bauder
Madâme, impossible conversation, février 2006.

Sébastien Fontenelle
Impunités françaises, février 2006.

François Némin et Henri Marnet-Cornus
Transport aérien : le dossier noir, mars 2006.

Karima
Karima, le prix du silence, avril 2006.

Jean Ker
Le Fou de Bruay, avril 2006.

Éric Halphen
Le Bal des outrés, mai 2006.

Guillaume Denoix de Saint-Marc et Candice Bal
Mon père était dans le DC10..., mai 2006.

Haïm Korsia
Être Juif et Français, mai 2006.

Rodolphe Albert
Les Secrets du PSG, juin 2006.

Antoine Casubolo
Coluche, l'accident... contre-enquête, juin 2006.

Composition PCA
44400 - Rezé

Impression réalisée sur CAMERON par

BRODARD & TAUPIN

GROUPE CPI

La Flèche
pour le compte des Éditions Privé
en septembre 2006

Imprimé en France
Dépôt légal : septembre 2006
ISBN : 2-35076-031-6
N° d'impression : 37199